我愿你起舞

WO YUAN NI QI WU

容非 著

SPM 南方出版传媒

全国优秀出版社 全国百佳图书出版单位 广东教育出版社

·广州·

图书在版编目（CIP）数据

我愿你起舞 / 容非著. —广州：广东教育出版社，2015.7

ISBN 978-7-5548-0740-8

Ⅰ. ①我… Ⅱ. ①容… Ⅲ. ①成功心理—通俗读物 Ⅳ. ①B848.4-49

中国版本图书馆CIP数据核字（2015）第143772号

责任编辑：梁耀凤　李杰静　姜树彪　严洪超
责任技编：涂晓东
装帧设计：陈宇丹
封面设计：席珺珺

广东教育出版社出版
（广州市环市东路472号12-15楼）
邮政编码：510075
网址：http://www.gjs.cn
广东新华发行集团股份有限公司经销
佛山市浩文彩色印刷有限公司印刷
（南海区狮山科技工业园A区）
787毫米×1092毫米　16开本　15印张　300 000字
2015年7月第1版　2015年7月第1次印刷
ISBN 978-7-5548-0740-8
定价：34.00元
质量监督电话：020-87613102　邮箱：gjs-quality@gdpg.com.cn
购书咨询电话：020-87615809

前言

用“十年磨一剑”这句话来形容我写这本书的过程是再恰当不过了。

我们的女儿昕是在中国出生的80后，她在广州念完了小学二年级上学期就去了美国，并在美国继续上小学、初中、高中。2001年，昕考进了美国著名的麻省理工学院，我当时就萌生了一个想法，写一本记录女儿成长和我教育她的心路历程的书。我拟好了书的提纲，并开始着手收集资料、翻译、打腹稿等。

2002年昕读大二时，我觉得已经收集到了足够的资料，可以动笔写这本书了。我当时的计划是准备从女儿出生一直写到她上大学为止，希望通过这本书让读者了解一个考上世界一流名牌大学的孩子的成长经历，并与家长们交流、切磋在教育培养孩子方面的心得体会。

可是，当我写了大约三万多字的时候，我突然问自己：“我是否可以认为，女儿上了名校就说明她成功了呢？”显然，我的答案是否定的。

诚然，一个孩子从出生到上幼儿园、小学、中学，最后上了一所世界一流名牌大学，从一定的意义上看，这也可以说是一种成功。但是，我以为，一个孩子上了名校只是万里长征走完了第一步，仅仅是一个良好的开端而已。人生的路还很长，孩子以后遇到磕磕碰碰的机会还很多，有谁能保证，名校毕业的孩子在社会上就一定会获得成功呢？君不见，有一些天分很高、名校毕业的孩子进入了社会后无所作为，有的甚至还成为了社会的负担……。想到这里，我意识到：时间，只有时间才能告诉我一个确切的答案。于是，我决定停下笔来，拭目以待，耐心的等待女儿人生画卷的进一步展开，希望在不久的将来我有机会把这本书继续写下去，把一个完整的成功故事呈现给大家。

时光飞逝，十年的时间一眨眼就过去了。在这十年里，昕先后获得了麻省理工学院计算机学士和硕士学位，并在一家名叫马瑞奇的“发芽”公司工作了六年。2012年，美国著名的思科公司以十二亿美元收购了这家“发芽”公司，使二十多岁的昕在一夜之间致富。毫无疑问，这一戏剧性的变化是女儿人生道路上一个非常重要的里程碑，我觉得我那尘封了十年之久的书稿可以重新开启了。

我重新修订了提纲，增加了更多的资料和内容，利用业余时间又爬起了格子来。其实，我是一名搞科技的专业人士，先后在中国和美国获得了工程科学方面的学士、硕士和博士学位。近二十年，我一直在几家世界著名跨国大公司从事燃气轮机、飞机发动机和大型飞机的设计研发工作。搞文学并不是我的长项，写这本书对我来说是一个很大的挑战，我有自知之明。

为了写好这本书，我将勤补拙，白天上班，下班后利用晚上、周末和节假日的空余时间坐下来，认认真真地写，反复推敲每一个字、每一个词，一遍又一遍地修改，终于在2014年底完成了本书的第一稿。屈指一算，前后一共竟用了十多年。

在这本书里，大家不仅仅可以看到昕的成长故事以及我教育女儿的心路历程，还可以看到她人生中的一些“奇葩”经历，例如：美国前总统克林顿的夫人希拉里·克林顿给她写信；微软前总裁比尔·盖茨给她打电话；她两次应邀到比尔·盖茨家参加派对、与比尔·盖茨零距离对话；她婉拒了微软和谷歌的聘书；她放弃思科公司的高薪，又加入了一家新的“发芽”公司等。

现在，我对女儿的为人处世都很放心，我对她说：“我现在可以放你单飞了，你就像一只羽翼丰满的小鹰一样，带着一份成熟、一份自信、一份我的祝福飞向高空去追寻自己的梦想。”“你已经飞出了我的视野，你还可以飞得很高很高，很远很远。”

回顾女儿二十多年来在“成长—成才—成功”道路上迈过的每一道坎和取得的每一个进步，我思绪如潮，感慨万千。我深深地意识到：昕的成功是家长、老师和社会其他人一路含辛茹苦教育的结果。我认为，把孩子们教育好，让他们健康茁壮的成长是家长的责任，也是整个社会的责任。当今中国的很多家庭都只有一个孩子，如何教育培养好独生子女是很多家长要面对的问题——对一个家庭而言，这是关系到家庭幸福和孩子前途的大事，如何强调其重要性都不过分。我的女儿也是独生子女，不言而喻，我与很多家长面临的许多问题都有共性。

在这本书里，我试图围绕着如何教育培养孩子这个主题，在讲述女儿成长故事的过程中，把我的教育理念、方法和经验与家长们分享。

最后，我希望这本书能起到一个抛砖引玉的作用，引起孩子们、家长们和整个社会一起来思考、讨论“成长—成才—成功”这个主题，共同把这项工作做好。我希望广大青少年读者能从听“成长—成才—成功”的经历中受到启发和鼓舞，勇敢地去追求自己的梦想，在人生的舞台上实现自我价值的最大化、创造精彩，做一个有益于社会的人。

如果上述希望中的一些目的达到了，我的这把“剑”就没有白磨。

容　非

2015年5月于美国西雅图

contents

目录

第一部 一次人生机遇

1. 一个“神秘”的越洋电话 2
2. 一桩“天价”的收购使女儿一夜致富 5

第二部 充满好奇心的童年

3. 摸着石头过河 14
4. 望梅止渴 18
5.“美国坏，打美国”——女儿如是说之一 20
6. 生病、画画、讲故事——女儿如是说之二 23
7.“挑战24”比赛的纠结 30
8. 鹅毛大雪中独行 35
9. 好奇心、爱好和梦想——女儿如是说之三 38
10. 数学跳级、数学竞赛和达人证书 41
11. 身体力行换来一劳永逸 46
12. 十三岁感言——女儿如是说之四 50

第三部 情商是怎样炼成的

13. 情商——女儿的“保护伞” 54
14. 女篮校队的唯一亚裔 61
15. 打乒乓球和滑冰 67
16. 做作业 70
17. 老爸的“两不”规则 74
18. 情人节和谈恋爱 77
19. 掌舵绕过巨石 82
20. 魔术师，还是工程师？——女儿如是说之五 88

第四部 挑战世界一流名校

21. 美国“高考”——SAT考试 93
22. 选专业首先要有饭吃 97
23. 申请美国大学考量什么 100
24. 名校的360度考察 104
25. AP考试和面谈 110
26. 参观大学校园 113
27. 收到麻省理工的录取信 119
28. 大学费用和经济资助 125
29. 名校“慧眼识英雄” 129
30. 挑战麻省理工学院 132
31. 希拉里·克林顿的贺信 138

第五部 麻省理工的苦与乐

32. 学生宿舍和室友 142

33. 麻省理工C=哈佛A 146

34. 作弊风波 150

35. 玩电脑游戏 154

36. 学中文 160

37. 半夜电话 166

38. “奇葩”教授 170

39. 学生“黑客” 175

40. 第一次到微软做暑期学生工 180

41. 第二次到微软做暑期学生工 188

42. 两次应邀到比尔·盖茨家开派对 193

43. 麻省理工学院的毕业典礼 198

第六部 硅谷创业，再攀高峰

44. 谷歌的面试和聘书 204

45. 比尔·盖茨的电话和微软的聘书 209

46. 放弃谷歌，加盟“发芽”公司 217

47. 从《虎妈战歌》一书谈起 222

48. 放弃高薪，从零开始 227

第一部

一次人生机遇

1

一个“神秘”的越洋电话

2012年11月15日，为了参加母校成立六十周年校庆以及大学同学毕业三十年的聚会，我从美国西海岸的西雅图飞往广州，并在11月16日晚十时左右到达广州。校庆及聚会活动先后在17日及18日晚结束了。

11月19日，按照离美前与一位朋友的约定，我早晨八时三十分左右就乘出租车到广州香格里拉大酒店见那位朋友。香格里拉大酒店坐落在琶洲大桥的南岸，矗立在美丽的珠江边，周围绿树成荫，正门内的大厅富丽堂皇，是一座极具现代化的高级酒店。

我刚进到酒店的大厅，一位身材修长，穿着旗袍的漂亮女士就迎上来，很有礼貌地微笑着问我是否需要帮助。当她知道我的来意后，就让我用酒店的内部公用电话与我的朋友联系。不一会儿，我的朋友就来到大厅见我，然后我们一起到靠近酒店顶层的餐厅吃早餐。

早餐是自助式的，各种各样的食物琳琅满目，中式的、西式的应有尽有。我们刻意找了一个靠窗的桌子坐了下来，随后拿了一杯鲜榨橙汁、一碗麦片和几块炸咸肉，和朋友一边吃早餐，一边聊天。透过餐厅的落地大玻璃窗，我居高临下地放眼向外眺望，只见近处是碧绿一片的生态公园，缓缓而流的珠江河；远处是珠江新城的高楼大厦，高耸入云的电视塔“小蛮腰”，宏伟的番禺大桥……一切都沐浴在灿烂的阳光里。

吃完早餐，我们欣赏窗外亮丽风景的兴趣更浓了，我的朋友兴致勃勃地向我描绘了这个城区将来的发展规划。他几年前在附近买了一套公寓……正当我们谈得眉飞色舞之时，我口袋里的手机突然响了起来。我一边赶忙伸手往裤兜里掏手机，一边想：“是谁会在这个时候给我打电话呢？” 手机的电话卡是我在广州专用的，只有我在美国和广州的家人，以及我的几个在穗的大学同学知道这个手机号码。我们大学毕业三十周年聚会的活动刚结束，这电话多半是我的大学同学打来的吧。我打开手机，说：“喂？”对方用广东话说：“请找容博士听电话。”我心里不禁咯噔了一下，觉得有点怪怪的，从来没有人在电话里用广东话称呼我为容博士啊，我马上说：“请问是哪一位？”对方又说：“我与你很熟的，你不记得我吗？”听对方说话的口音，我只判断出她是位女士，且她的广东话中略带有普通话的口音，于是我回答说：“真不好意思，我从你的声音中听不出你是哪位。”她接着说：“我从小就认识你，你也认识我呀！”我想，肯定是哪位小时候广州的邻居玩伴儿从我姐姐那里得到了我的手机号码打来的。几个月前，我们四五十年前在广州的玩伴儿组织了几次旧居重游、餐馆聚餐等活动，因为我远在美国没有参加活动，他们给我电邮了很多照片……为了不打扰在酒店餐厅就餐的其他人，我很快找到了一个僻静的角落，继续细声细语地讲电话。我心里一边纳闷着，一边继续道歉地说：“实在不好意思，请你告诉我你的名字好吗？”这时对方扑哧地笑了一声，说：“我是从美国打来的电话，你怎么听不出是我呀？”我马上醒悟过来，这是女儿打来的越洋电话，我说：“你是昕啊，搞什么恶作剧啊！”可以想象，她在电话的那头笑得前俯后仰的样子。她问我校庆及同学聚会的活动情况，时差倒过来没有，等等，我一一回答了她的问题，并告诉她我和朋友在香格里拉大酒店的餐厅里吃完了早餐，正准备离开酒店去探访我朋友的爸爸……我正准备结束通话，她说："我要告诉你一个消息，但你暂时不要告诉别人，好吗？"我说："好的。" 她说："思科公司宣布了要花十二亿美元购买我们的公司。"我马上说："哗，这可是个好消息呵！"

2

一桩“天价”的收购使女儿一夜致富

11月19日，我白天忙完了当天计划中探朋访友的事情后，晚上就打开电脑查找有关思科公司购买昕他们公司的新闻。果然，美国和中国的一些新闻媒体和网站都报道了这一消息。

昕工作的公司叫马瑞奇（Meraki）。Meraki是一个希腊语的词汇，其意思是用灵魂和激情去做事情。马瑞奇公司成立于2006年，是由美国麻省理工学院（Massachusetts Institute of Technology）计算机系的两位博士研究生和一位本科毕业生成立的“发芽”公司（英文：Startup Company)。昕是公司的早期员工之一，也是这些早期员工中唯一的女工程师。马瑞奇在成立后的短短五年中，就已发展到有一百二十多名员工的规模了；到了第六年，该公司疯狂扩展到有三百三十多名员工。

昕（坐在球上者）和她的马瑞奇同事在研究工作

我当时想，思科用十二亿美元现金购买一

家才成立了六年，只有三百三十多名员工的小公司，真是不可思议！如果把十二亿美元平均分给三百三十名员工，每人可得三百六十万美元——这不是天价吗?!

我在电脑上首先搜寻美国方面的报道，马上看到了美国纽约一家媒体11月19日星期一的报道如下：

思科公司将用十二亿美元购买马瑞奇

2012年11月19日美国东部时间12:52　纽约消息：世界上最大的计算机网络生产商思科公司星期天宣布，为了扩展公司的顾客应用云计算的业务，它以十二亿美元购买马瑞奇。

云计算代表了一种越来越时尚的做法，即通过互联网来使用储存在远端资料中心的软件，而不需要在每台计算机安装软件程序。

马瑞奇公司的总部在美国加州三藩市，并有分部在纽约，伦敦和墨西哥。这个私人公司是由麻省理工学院计算机实验室的成员在2006年创办的。马瑞奇公司的技术为顾客提供从云端统一集中管理Wi-Fi转换，安全及移动设备。

马瑞奇将成为思科新的云网络集团，并由马瑞奇的现任首席执行官桑吉特·毕思华斯（Sanjit Biswas）来领导。该公司在其网站宣称，它原来一直计划保持独立和准备招股上市，但加入思科将会帮助它达到年营业额十亿美元的目标。

思科企业网络集团的高级副总裁罗伯·索德波利 (Rob Soderbery)在一项声明中说："马瑞奇的营运方法是自下而上，很大规模地建立了优化的云计算，并已被成千上万的顾客用来管理无数的设备。”

总部在加州硅谷的思科公司预计在1月份结束的第二个财政季度完成此收购。十二亿美元的购买价包括了现金和挽留马瑞奇原雇员的奖金。

看了美国方面的这一报道，我对这一天价的收购确信无疑了。为了了解更多的情况，我后来又上了马瑞奇公司的网站，看到了该公司的首席执行官桑吉特·毕思华斯通过电子邮件发给公司全体雇员关于此次被购买的信，全文如下：

大家好！

因为你们中的有些人也许已经从推特（Twitter）和谷歌的快讯那里听到了思科要收购马瑞奇的传言，我们原来的计划是明天才召开公司全体雇员大会，在正式向社会公布此购买之前先向你们报告的，但目前看来，社会媒体已先于我们发布了这一消息。

鉴于这是一件很大的大事，我想花一些时间向你们提供比即将发表的公布中更多的一些内容。虽然我可以明天才这样做，但我认为让马瑞奇的每一个人都知道这一件事是非常重要的。

首先，对马瑞奇来说，这是一件事先没有料到的事情。当我们在六年前开始的时候，我们这三个麻省理工学院人并不确定在未来的几年内我们的合资公司将把我们带向何处。我们那时有一些令人兴奋的关于如何建立网络的想法，以及我们想对这个世界产生很大的影响，但还没有想出我们如何将这些离散的点连接起来。幸运的是，我们的客户帮助、引导了我们在过去的几年中所走的路，使我们能够一起有机地生产了一整套不可思议的产品和建立了一个不可思议的公司。

今年对我们来说是特别地不可思议（很抱歉，连续说了三次不可思议，但确实如此）。我们成功地提交了另一主要产品系列，实现了一亿美元的预订运营速度，员工人数从一百二十名增长到三百三十名。在取得所有这些成就的同时实现了正的现金流。

因此，几个星期前当思科以其收购报价与我们接触时，我们最初的反应是礼貌地说："谢谢，但我们正在计划我们自己的事请并准备让马瑞奇上市。"但看来这也正是为什么他们有兴趣与我们对话的原因。在过去的六年中，我们已经开发了一种创新性的产品和销售模式，而它们确实是我们自己的东西，而且是现在市场上独一无二的。他们已经从客户、合作伙伴和分析师那里得知，马瑞奇已创建了一些真正的、与众不同的东西，所以他们想看看思科是否可以通过其庞大的销售渠道在全球范围内销售马瑞奇的新科技。

这是一个非常有意义的方案。所以，我们花时间去搞清楚此方案所具有的所有潜在意义。首先，我们决定把它分解成两个主要组成部分：定性和定量。作为工程师，从数字方面（即定量部分）找理由对我们来说可能是更容易的事情：我们过去一直在研究上市公司的估值，所以能够看到思科购买方案的价格是一具有吸引力的报价，而且此购买方案正面地肯定了我们的高利润、高增长和巨大的未来运营前景的长处。然而，定性部分则比较困难：在成为思科的一部分之后，我们是否还能够继续做那些使我们显得与众不同的事情呢?

事实证明，思科的团队也理解，对我们来说，我们的团队、公司文化和环境是多么的重要，而这些考量已包括在他们提出的购买方案中。他们的购买方案中概括了如下的一些关键想法，而这些想法帮助我们作出了决定：

（1）思科赞赏我们开发、创新产品的方式：专注于我们的客户以及在软件和硬件方面都快速尝试新的想法。他们想看到我们将来继续推出新的功能和产品，并希望我们能“云化”思科的其他产品。

（2）在技术层面上，他们认识到我们的业务模式是高度统一的、整合的和专注于客户使用实践的。这种整合连接各个团队，所以他们希望所有的部门在搞清楚如何利用思科的分销渠道的同时，继续保持做它们正在做的事情。

（3）最后，思科认为我们在三藩市建立了一个有助于招揽和留住各个部门杰出人才的文化及环境。因此，他们希望我们成为一个新的“云网络集团”，总部位于三藩市，有好玩的办公室、免费的食物和所有其他现有的优惠。

在经过几个星期的考虑后，我们上周晚些时候决定，加入思科是马瑞奇的正确途径，这将有助于实现我们想产生巨大影响的目标。作为创始人，我们三人都作为领导者留在此业务单位，并期待着继续实现我们年经营额达到十亿美元的目标。我们将继续向你们保持透明度，并会改变一些事情，比如我们的电子邮件地址，虽然在我们日常的运作中有一些事情会改变，但我们将确保那些诸如我们公司的文化等重要的东西与以前一样。

下一步如何进行？我们本周的工作与上周是一样的：生产各种令人不可思议的产品提供给我们的客户。在收购完成之前，我们将继续作为一个独立的公司运作。我们预计此收购将在思科公司的财政季度结束前完成，并计划把马瑞奇的雇员转为思科的员工。

我再次为不得不用电子邮件向你们讲对大家是如此重要的事情而道歉。在明天的会议里，我们打算详细地讲述我们计划中更多的具体细节。明天的会议被重新安排在新的办公楼和网迅上，时间是上午十时（比原计划提前了三小时）。今天下午，凯西将通过电子邮件通告关于安排的更多细节。

谢谢大家，明早会上见！

桑吉特·毕思华斯

首席执行官

马瑞奇公司

再看看中国国内的网站，新浪、网易、新华新闻等一大批网站都几乎在同一时间登载了思科购买马瑞奇的消息。新浪网站的报道标题是：思科十二亿美元收购Wi-Fi网络服务商马瑞奇；网易的标题则是：思科十二亿美元收购云计算网络公司马瑞奇；新华新闻的报道是：思科十二亿美元收购云计算无线网络公司马瑞奇。

昕虽然不是马瑞奇公司的创办人，但作为公司的早期员工，她得到了一部分股权。因为思科的这一“天价”收购，使她那些原来不值钱的股权一夜之间变成了金子，这一戏剧性的变化对于大学硕士毕业后走向社会，仅仅工作了六年的昕来说，简直是不可思议！

十二亿美元到底是一个什么样的概念？有关资料说，如果用百元面值的美钞堆积起来，有一千两百多米高，大约相当于一座一百二十层楼的高度；而这些百元面值美钞的总重量竟达十二吨。

在物欲横流的西方社会，有不少报刊喜欢登载一些有关富人的各种统计资料。英国有一家经济杂志曾刊登了一篇文章，列出了世界各个国家需要多长时间才能“造就”一个百万美元富豪家庭的数据：美国、挪威、瑞士、加拿大、日本、法国、德国、英国、意大利等十一个国家，所用的时间都在五十年之内。其中美国造就一个百万富豪家庭的速度最快，用时不到二十五年，目前美国的百万富豪或以上的家庭大概有五百万户。而那些经济比较落后的国家，造就一个百万富豪家庭则需要几百年，譬如：墨西哥要三百年；罗马尼亚要三百五十年。该文章也指出，中国不在比较之列。据报道，中国目前百万富豪家庭也已迅速崛起，其数量超过一百四十万户。

在打给我的那个越洋电话里，昕告诉我她已经开始计算她应缴纳的所得税了。美国联邦政府和州政府的税法十分复杂，她几天来一直在为如何报税的事而烦恼，她想在新的一年到来之前抓紧时间学习和熟悉税收的所有规定细节和程序，以保证报税时不出差错。我在电话里和昕开玩笑说：“以前没钱时没有什么烦恼；现在有钱了反而有很多的烦恼。看来还是当穷人好啊！”听了我的话，昕也笑了起来。

在很多人看来，昕毕业于名校，参加工作六年在二十几岁就碰到了“一块从天上掉下来的大饼”，可以说是一名“成功人士”了。人们对社会上的成功人士的故事和经历都有很大的好奇心和兴趣，经常举办各种报告会、座谈会，邀请这些成功人士来演讲。在这些成功人士中，男性占多数，女性占的比例很小，所以昕的成功更显得“物以稀为贵”。 美国加州硅谷地区有一个妇女俱乐部，其成员都是科技、管理、金融等领域的精英。该俱乐部一成员通过别人认识了昕以后，特地邀请昕到她们的俱乐部作一次演讲，昕婉拒了她的邀请。昕觉得，在别人眼里她是一名成功人士，但在她自己眼里，她认为自己仍然和大家一样，是一个普普通通的人，前面的路还很长。所以，昕一直持低调、不张扬的姿态，保持着她在成为“成功人士”之前的生活方式和工作方式。

昕深深地知道，成千上万的创业公司，能够获得丰厚回报的少之又少。一个公司要成功，天时，地利，人和，缺一不可。所以昕认为她得到那么多金钱，是因为她的运气比较好，她很感恩。

“取之于社会，回馈于社会”，昕决定向当地的非盈利慈善机构捐款。在美国，各种各样的慈善机构很多，有少数不良分子打着“慈善组织”的旗号来骗取人们的捐款。经过一番调查了解以及朋友的推荐，昕捐了一笔钱给一个旨在反对家庭暴力和保护妇女儿童的非盈利慈善机构。

“孝敬父母”和“报答父母的养育之恩”也是昕“一夜致富”后想做的事情之一。她首先问我们是否需要把家里的两辆旧车更新，但她的好意被我和妻子婉拒了。我们还是开着那两辆“老掉了牙”的1998年本田CRV和2000年本田雅阁汽车。接着，昕又提出要为我们的房子付清所欠的银行贷款，也被我们婉拒了。

我的一位很要好的朋友知道此事后对我说：“如果我的女儿要给我买好车、付清房贷，我一定不会拒绝，因为那是应该的。”我觉得，金钱、名车、房子都不重要，重要的是我想通过这件事向女儿表示：只要自己有能力，一定自食其力，不依赖别人。这也是我们一直以来教女儿做人的准则之一，我们自己首先应该说到做到。

很多人对我说，你的女儿成功了，你们对女儿的教育培养也成功了，但此时的我百感交集，女儿二十多年来的成长过程就像一部电影一样，一幕一幕地在我的眼前回放……

第二部

充满好奇心的童年

3

摸着石头过河

“十月怀胎，一朝分娩”。1983年夏季的一天，我们的女儿昕比预产期提前了两天来到了这个陌生的世界上。当我接到母女平安的消息，兴高采烈地赶到医院时，妇产科婴儿房的护士忙把女儿抱了出来，问我想不想抱抱她。我刚把双手伸出去接，女儿忽然张开“血盆大口”，声音沙哑地大哭起来。看到她小脸上和两只小手上的皮肤都是皱皱巴巴的，头上也没有头发，像一只干巴巴的小猫一样，初为人父的我真有点不知所措，双手也不由自主地缩了回来。我不好意思地对护士说：“对不起，我还是不抱了。”那位护士困惑地看了我一眼，就把昕抱回了产房。

那时的我，对如何养育孩子一窍不通。特别是一两岁的孩子，不怎么会说话，道理听不懂，无法与大人用语言交流，怎么办呢？当时，市面上很少有关于如何培养孩子的书，尤其是适合我的书。于是，我大都凭自己的直觉去做。我相信，在实践中不断摸索，修正，改进，一定能找到适合培养教育自己孩子的理念和方法。

昕出生几个月后冬天就到了。每天清晨，我都要骑着自行车，冒着寒风到离家大约一公里的地方取牛奶。有一天，我突然萌生出一个念头：我应该利用这个机会把昕带上，让她尽早到户外经风雨，见世面，接受大自然各种各样信号的刺激。吹吹冷风，晒晒阳光，听听鸟叫，看看田野、山冈，也许还可以锻炼、开发她的感觉、听觉、视觉和大脑活动！

于是，我在自行车的三脚架上绑了一张婴儿坐的小藤椅，每天早上让昕坐在小藤椅里，跟着我的自行车去享受大自然。为了御寒，昕穿着厚厚的棉衣棉裤，戴着帽子和手套，脚上穿着毛袜和棉鞋。

我小心地蹬着自行车，不紧不慢地沿着山冈旁弯弯曲曲的小路前行。到牛奶站取了牛奶后，我就带着昕到附近的田野里去看火车。我们一边等火车到来，一边在田间转来转去兜风。我不停地和她说话，告诉她这棵是树，那朵是花……说着说着，一列火车鸣着汽笛，轰隆轰隆地从远处开过来了，声音越来越大，昕高兴得手舞足蹈，冻得红通通的小脸上露出了天真的笑容。

我每天都坚持骑自行车带昕去牛奶站取牛奶，看火车。一位住在牛奶站附近的朋友见我几乎天天带着女儿到田野里转，女儿那么小就教她认识那些花花草草，开玩笑地问我说："你准备把女儿培养成博士啊？"对朋友的问题，我只是笑而不答，因为我只是觉得这样做对女儿的成长有帮助，但结果如何，实在是不知道。在我的记忆中，这是我在女儿的婴幼儿时期唯一做过的"早期教育"尝试。在她两岁的时候，我就离开她只身一人去美国留学了。

在美国留学的头几年里，我虽然身在异乡，孤苦伶仃，成天忙于艰苦的学习、生活，但我每时每刻都惦记着远在中国的年幼的女儿，牵挂着她的教育和成长。

那时候没有电子邮件，更谈不上QQ、Facebook、微信和即时视频通话了。对我来说，打国际长途电话和在中国的家人通话是一种奢侈的享受，每分钟的话费是一美元多。平时，我主要是通过家人的书信了解女儿的情况。

在收到的家信中，经常夹着昕在一些纸片上歪歪扭扭写的字和画的画。不难想象，大部分字都是我妻子抓着女儿握笔的手来完成的。从昕的一幅幅涂鸦中，我欣喜地看到了她的进步和成长，更看到了我妻子在培养教育女儿上的心血。

光阴似箭，三年的时间一晃就过去了。经过三年的努力，我在美国拿到了硕士学位，并开始攻读博士学位。1988年暑假，离家三年的我归心似箭，决定回家探亲三个月。

在飞往中国的飞机上，我不止一次地憧憬着与女儿见面时的情景。经过十几小时的飞行，当我乘坐的飞机在广州白云机场徐徐降落的时候，我的心早已飞回了家。

到家第一眼见到昕，她后脑勺扎着一条“马尾巴”，身体长高了许多，略显瘦弱。我的感觉是昕已从我离家时的那个正在牙牙学语，蹒跚学步的婴儿变成一个口齿伶俐、活泼可爱的小女孩了。

我在美期间，昕体质较弱，几乎每个月都会感冒一两次，吃药看病习以为常。有一次因为伤风感冒引起风湿性心脏病住进了医院，医生还给我妻子发出了病危通知。由于昕的身体不太好，家里的大人们都对她照顾有加，凡事有求必应。

回家后的一天傍晚，我和妻子饭后带昕去逛街。经过一家糖果店时，昕看见里面摆着一些用金色锡箔纸包装的圆形巧克力糖，就马上闹着要买。妻子正要掏钱，却被我拦住了。我对昕说，糖果多吃了对身体、牙齿都不好，我们刚刚吃过晚饭，就不要再吃糖了。昕看到我们不给她买糖，小脸一绷，扬起两道细细的眉毛，身子向后一扭，威胁我们说：“你们不给我买糖，我就自己走了，不跟你们逛街了。”说完就摆出一副向后走的姿势。妻子一看情况不妙，赶忙说给她买糖。但我觉得，作为家长，我绝不能纵容孩子用威胁的手段来实现自己的诉求。如果一旦让孩子从小养成此种任性妄为的恶习，长此以往会积重难返，给孩子的一生带来负面影响。我马上一边拉着妻子继续向前走，一边对昕说：“你走吧。”昕听了我的话后愣住了，也许我的回答大大地出乎她的意料之外。她以往的“撒手锏”这次却不灵了。几秒后，昕撒腿就往后跑。妻子有点急了，想回头去追女儿，手却被我紧紧地拽住了。这时街上华灯初上，五光十色，照着熙熙攘攘的人流，我也有点担心，一不留神，昕就可能会跑得无影无踪。但“知女莫如父”，昕虽然很倔、有些任性，可她的胆子却不是很大，我断定她不会跑远。

果然，昕跑了几米后，转身发现妈妈不但不像往常那样去追她，反而继续和我一起往前走，就不敢再往后跑了。她伤心地大哭起来，回转身向着我们跑来。我们假装继续慢慢往前走，同时一直用目视的余光监视着昕的去向。昕终于回来了，我们马上拥抱和安慰了她一下，等她平静下来后，我们拉着她的小手继续逛街，一路上有说有笑，就像什么不愉快的事都没有发生过一样。

通过这件事，昕明白了爸爸妈妈是不会纵容她用威胁的手段来达到自己不合理的目的。

说实话，用这样的方式来教育女儿是否会收到预期的效果，当时我心里也没有底，唯有按照自己认为正确的方法去做，摸着石头过河，在实践的过程中不断地总结经验，希望能少犯错误，逐步摸索出一条正确的路子来。

4

望梅止渴

“望梅止渴”的典故说的是东汉末年，曹操带兵打张绣，在行军路上，由于天气炎热，士兵们口干舌燥，人困马乏，但方圆数十里都没有水源。为了鼓励士兵们马不停蹄地走出干旱区，曹操骑在马上扬鞭向前一指，大声地对士兵们说：“前面有梅林。”士兵们一听到“梅林”二字立刻口生津液，精神大振，鼓足力气加紧向前，全军终于走出了干旱区，找到了水源。这个典故虽然是《三国演义》里曹操带兵行军打仗的故事，但我们若能运用其中的道理来培养、锻炼孩子，也是可以收到异曲同工的效果的。

买巧克力糖事件不久后的一天，为了多花点时间培养父女感情，我带着昕乘公交电车去拜访一位朋友。下电车后，我们还要步行大约一公里的路才能到达朋友的家。

我意识到，要走这一公里多的路对昕是一个很大的挑战。昕的病刚好不久，体质较弱，妻子平时带她上街，只要她说走累了，妻子二话不说就把她背在身上，生怕她累出病来。在我回家伊始的短短几天中，这样的情况就出现了好几回。我是看在眼里，急在心上。

孩子身体瘦弱确是事实。但俗话说“学懒容易学勤难”，连成年人都有挑容易的事来做的倾向，更何况一个小孩子呢？我应该如何开发女儿的潜能和帮助她去迎接挑战和锻炼自我呢？我觉得，父母要引导孩子用精神的力量来弥补体力上的不足，只有在孩子尽了自己的全部努力后，再酌情给予适当的帮助。如果孩子提出无理要求也无条件地迁就，就会让孩子在溺爱中滋长懒惰和依赖性，养成不战而降的毛病，将来如何立足于社会？我拿定了主意，决定要用各种办法来鼓励女儿走到其能力的极限。

我拉着昕的小手，一边走一边指着街上的商店、来往的行人和车辆让她看，分散她对走路疲劳的注意力。开始有点效果，但她走了300米后就说累了，伸出双手来要我抱她。我就用曹操的办法，对昕说："前面很快就要到我朋友的家了，你再坚持走一会儿，不用我抱，你能行！"昕听我这么一说，就跟着我向前走了。可是不一会儿，她又说她真的很累，走不动了。我再用同样的办法鼓励她，她又坚持走了一段路。就这样，经过了几次"望梅止渴"，昕终于头一回破天荒地自己走完了一公里多的路程。到了朋友家，我抱起了昕，对她说："你看，你多厉害，不用别人抱，自己走到了叔叔家，真了不起！"昕虽然很累，但她受到鼓励和赞扬，很高兴！对她来说，走路再也不是一件那么可怕的事了。孩子总是会从父母的反应来认识和肯定自己的能力的。

从昕两岁到七岁的五年中，我只在她五岁那年回国探亲时与她一起生活了短短的两个多月，对她在这段时间的教育不多，所以没有太多的发言权。不过，昕在美国高中毕业时写了一篇"自传"，让我们一起来看看昕在她的"自传"中是如何描述她那段童年的生活吧！

5

“美国坏，打美国”——女儿如是说之一

今天，当我告诉大家我从未看过“芝麻街”的时候，人们通常会感到非常惊奇（我想，也许在此用“震撼”一词更为合适），而且还有很多人会觉得不可思议而惊讶得张大了嘴巴。我之所以没有经历过一个普通的美国孩子在儿童时代都会经历过的方方面面，是因为我那时不在美国。事实上，我在中国的童年时代已经把我雕琢成一座非常粗糙的、只有大概轮廓的原始雕塑了；而我在美国的生活仅仅是一个发展、再雕刻、增加新的和细致的特征，以及打磨抛光的一个过程而已。

1983年夏季，在一个决定命运的一天，我这个快乐，没有眉毛和头发，体重只有2.5公斤多的婴儿来到了这个世界。甚至在我还没有名字，还不会说话之前，我在我出生的那个医院就已经很出名了。我妈妈在那个医院当医生，她因在产房生我时的大声哭叫而全院闻名。我想，这段分娩的痛苦经历会让我的父母感激中国的独生子女政策（因为不用再为生孩子而受罪了）。

我两岁的时候，爸爸离开了我去美国读研究生，所以在我的童年时代开始的好些年里，我一直在寻找一个能替代我那个远在地球另一侧的父亲的角色。我那时并没有意识到，但现在看来这也许就是我当时被大家认为

像一个男孩的原因吧！

在我结交的玩伴中，男孩比女孩多得多。我还记得当我奶奶问我，“为什么你老是跟男孩子玩”时，我回答说：“男孩子心胸比较宽广，而女孩子经常哭。”现在回过头来看，我想，那时我为了填补那个男性的空缺，就尽量挤进男孩子堆里去玩。每当我和女孩子玩“过家家”的游戏时，我总是扮演“爸爸”的角色。我还利用各种机会围着我的朋友或表哥表姐的爸爸身边转来转去，例如：爬上他们的肩膀；跟他们玩标签；和他们一起去散步等。

当我五岁时，我爸爸回来探亲两个多月，我觉得那是我生活中最美好的两个多月！也许是因为我很久没有见到爸爸了，或者是因为那是父亲和女儿的关系最亲密的时候。不管什么原因，总之我觉得很好玩。我那时候不喜欢美国，是因为我爸爸在那里……这就是他不能和我玩的原因。

我对美国的地理位置毫无概念，每当姥姥问我：“你爸爸在哪里？”我就回答说：“他在绿色的地方。”因为姥姥家客厅的墙上挂着一幅世界地图，上面的美国版图是绿色的。那时候，我常常说：“美国坏，打美国。”我这样说与政治并无关系。事实上，我这个只有五岁的小孩，对政治方面的事情一点概念也没有，之所以这样说是因为我太久没有见我爸爸的缘故。

妈妈几次到美国领事馆签证，每次都是因为她坚持要带着我一起去美国与爸爸团聚而被拒签。那时的我永远无法理解美国领事馆拒签的缘由，这在我幼小的心里又增加了一条美国对我不友好的罪证。最后，在别无选择的情况下，妈妈只好无奈地自己去了美国，而我则寄住在我的莹表姐家里。

我在莹表姐家第一个月的生活遭遇是相当惨烈的。不难想象，两个从不需要和他人分享任何东西的独生子女突然要生活在同一个屋檐下，她们必然会为维护各自的“领土”大打出手，而家里的大人们却强制性地要求她们事事学会分享和做到不自私自利！

我和莹表姐常常会为了一些愚蠢的小事争吵不休。家人们都认为，因为我比她小五岁，又是“客人”，她应该让着我才对。事实上，我记得她在相当长的一段时期内，为她再也不能像以前那样独享家人的照顾和关爱而大发脾气。

不管怎样，在和莹表姐以及她的家人一起生活的那段日子里，我学会了很多重要的生活技巧。例如：如何分享；如何替他人着想；如何争吵；如何找借口；如何去博得他人的同情；如何找替罪羊；等等。而事实证明，这些技巧在我后来的少女青春叛逆期都派上了很大的用场。

6

生病、画画、讲故事——女儿如是说之二

我小时候身体很弱，几乎每隔一周就会发烧一次，所以打针、吃药、抽血、静脉注射等对那时的我来说已经是司空见惯、习以为常的了。在四岁的时候，我得了急性风湿性心脏病，具体的经过我已经记得不太多了，只知道有一天我忽然觉得关节有些疼痛…… 一眨眼的工夫，我就发现自己躺在了医院的病床上了，而且一住就是四个多月！（也就是这次大病，促使了我后来稍大一点时更热衷于各种需要强壮体力的运动，例如：篮球、划船、足球以及一些“绞杀进攻者”类型的游戏，希望自己能强壮起来。）

在生病住院期间，我经常把从书中看来的故事讲给医院的护士和医生听，其中有《狐狸列娜的故事》、《阿里巴巴和四十大盗》等，他们都听得津津有味。同时，另一件更重要的事情发生了：因为我只能整天躺在病床上，于是我开始画画了！

我画的很多都是中国古代大将军打仗的故事，他们身上穿着盔甲，肩上系着的红色披肩在风中飘扬，手上拿着各种武器。我发现，这种在纸上用铅笔画出各种奇妙形状的活动使我不再去想我的风湿病，并让我的想象力把我带到了我想要去的任何地方。画上几笔，我就是一个带着军队打仗

的中国将军；换一个奇怪的念头，我就能变成一个在云雾中跳得比猴子还要灵活的神仙。很快，画画成了我最喜欢的爱好。

看病——昕（五岁）

拔牙——昕（五岁）

得风湿性心脏病是我一生中最倒霉的事情。可是，也正是因为这个可怕的疾病所造成的短期瘫痪，我才可以更好地定义了今天的我。就这样，我在恢复健康并出院后，继续追求我的画画爱好。

那时莹表姐正在上广州市少年宫专为有美术天分的儿童开办的美术班。一天，她的爸爸（即我的姑父）决定把我画的画送给在美术班任教的关老师看。关老师在美术界是一位受人尊敬、知名度较高的新一代画家，当她第一眼看到我画的那张士兵们排成中国式的方阵对方阵、近身混战的场面时，她的第一个问题就是，“这是一个男孩画的吗？”当我的姑父回答说“不是”的时候，关老师感到非常惊奇。接着，她的下一个问题是，“这个孩子的父亲是画家吗？”当她知道我的父亲是一位工程师而不是画家时，她觉得更惊奇了。所以，她要求我来面试。

面试时，关老师给了我一张很大的、空白的纸，叫我在纸上随意画点东西。我决定画一场足球赛。基于我当时对人类具有胯部的新发现，我对自己画的人物感到非常兴奋，因为他们不再是三角形的了。那场比赛画的是日本对中国，我没有用色彩，所以在运动员的背后画一个圆形代表日本队，画一个星代表中国队。球在画的中间，有几双手同时按在球上，一个身材矮小的裁判员吹着哨子，对一名日本运动员举起了一张黄牌。我画的时候下笔很快，毫不犹豫，也不更改其中的“不足之处”。关老师只是站在旁边微笑着，静静地看着我画。

我把画好的画交给关老师。根据这张出自于一个年仅五岁的孩子之手的画，关老师对我的个性做了一个评估，而这一评估在今天看来还是正确的。她对我妈妈说：“你的女儿有非常强的绘画能力，她能把一瞬间的画面和想象的东西用画画的行为表现出来。她落笔非常大胆干脆，当她画一个鸡蛋时，这个鸡蛋圆或不圆都没关系。她觉得不需要把每一个角度，每一个阴影，或是每一个细节都画得完美无缺。”“那如果她最后没有成为美术家又怎么办呢？全部的美术学习不就白白浪费了吗？”我妈妈问道，她仍然怀疑是否值得送我来上美术班。关老师回答说：“不是每一个来美术班上课的孩子将来都会成为美术家的。事实上，能成为美术家的人非常少，包括你的女儿在内。你的女儿有一种预知和设想她的内心想法的能力，而且她能抓住一瞬间的视觉效果，并用画画来把它表达在纸上。不是每一个人都有这种能力和能用这样的方式来表达他的想象力的。当你的女儿能抓住她想象中所看到的图像时，她将来会有成功的可能。她的这种敢想敢做的能力将会帮助她实现她的梦想，就跟她在画纸上实现她的想象力一样。也许她不会成为一个画家，但她可能是设计家、创造者。”

这样，五岁的我马上进了少年宫的美术班，在关老师的指导下学习美术。每个周末，我都来到少年宫，急切地让我的想象力像开了闸的洪水一样毫无节制地奔放出来，我不只是用铅笔和颜料来创作，还用各种各样的材料，从石膏、黏土到垃圾（一个旧牙刷、一条电线、一根铁丝、几片碎布或一些旧报纸）。当我把这些材料和一点创造力结合起来的时候，就构成了最抽象、最有趣的艺术作品了。少年宫培养了我对艺术的兴趣以及对创造力和独创性的欣赏能力。

孙悟空和龙——昕（五岁）的少年宫美术班水彩画习作

到少年宫后不久的一天，关老师带我们美术班的全体同学到市里的中山纪念堂写生。她发给我们每人一张涂了墨的纸板，让我们用刻刀作画。

面对宏伟的中山纪念堂，我们十分兴奋，各自找好位置和角度，摆上纸板就“画”了起来。我手握刻刀，首先在纸板上刻了纪念堂的顶部，然后再刻了在天空中飘逸翻滚的几朵白云就交卷了。我的画简直就是无视纪念堂的墙和大门的存在，整个纪念堂的顶部就像悬浮在空中一样。坐在离我不远处的几位同学，则把整座纪念堂的外观都一刀一刀地刻了出来。相比之下，我的那幅写生很可能会被认为是败笔之作，可没想到关老师对我的那幅画却有她独特的诠释。关老师拿着我的画对我妈妈说：“你的女儿写生时刻的纪念堂顶部和天上的白云气魄很大，线条粗犷流畅，动感强烈，她并不拘泥于纪念堂的其他细节，这说明她的画很大气，留下让人们发挥欣赏力和想象力的空间，这才是一个好的艺术家应有的气质。”

现在，当我坐在这里回忆关老师的话时，我才意识到关老师那时讲的关于我的话是正确的，但她怎么能仅仅凭一幅画就可以判断得那么准确呢？我从来就不是一个完美主义者，我总是只关心大的画面，而不在意琐碎的细节。这让我付出了代价：在数学测验中经常被减去2分；在英语词句中被挑出语法上的小毛病。这些事实都使关老师和艺术本身看起来更加神秘。我非常仰慕那些通过分析一个人画的画就能准确地判断出那个人的个性的人。这也证明了关老师在美术界所受到的尊敬和所得到的声誉是名副其实的，艺术真的是一种非常神奇给力的东西。

听妈妈说，我那远在美国的爸爸知道我进了少年宫美术班后，还特地给关老师写了一封信，希望她对我严格要求，在管教上不要有任何顾虑……那时的我，根本不懂得大人们为什么会忧虑这种事情。

一群快乐的小马——昕（五岁）的少年宫美术班水彩画习作

飞向月球（左上）——昕（五岁）在广州市少年宫儿童画展得奖的作品

在我到美国去之前，我在中国上了幼儿园、小学一年级和二年级上学期。不言而喻，学习是我一生中的一件大事。特别是在中国，你如果学习好，就能上好的学校，然后得到好的工作，或是到国外深造的机会。

我记得，中国的小学比美国的小学要严格很多。我甚至可以说，中国小学的学习比美国的中学，也许甚至是比美国大学的一、二年级更为紧张。记得我小学一年级时，经常做功课做到半夜。在美国，对一年级学生这么严格是绝对没有听说过的。但在中国，这样的事则很普遍，不少家长采用早期施加教育压力的办法来帮助孩子逐步养成勤奋和善于安排时间的好习惯。如果我能迟一点来美国的话，我就会养成勤奋的好习惯了。不幸的是，在从做功课至深夜到做功课像过“快乐的周末”的这一转变的冲击下，我来了一个180度的大转弯。敷衍了事的我现在才尝试着去恢复小时候的勤奋精神。

我是一个学习成绩高于平均水平的学生。我在课堂里什么也不怕，心里非常渴望吸收所有的知识。我觉得，这要归功于我对很多事情都可以做到过目不忘。也是由于有了这种天分，我成了一个讲故事大王。我最拿手的是讲一只狡猾的狐狸如何比俄罗斯渔民更聪明的故事。这是一个录在录音带上的故事，我听后就记住了，并把故事讲给亲戚们听，让他们高兴。

在学校的“讲故事日”，你可以站在全班同学面前讲你自己编的或是书上的故事。我非常喜欢这个“讲故事日”，每次都会有故事和大家分享。事实证明，这种在公众面前演讲和不害羞的锻炼对我往后的一生极为重要，在我找工作时或其他情况下与一切不同类型的人建立友好关系很有帮助。

在七岁半时，随着我离开中国到美国去，我犹如一尊粗糙的雕塑一样，对其基本的打造和成形过程就宣告结束了。然而，对其进行精雕细作的过程则揭开了序幕。

7

"挑战24"比赛的纠结

"挑战24"是一种算术卡片游戏。这些算术卡片外表看来有点类似扑克牌，每一张卡片上印着四个阿拉伯数字，玩游戏者要用这四个数字来做加、减、乘、除的运算，每个数字只能用一次，最后的答案必须是24。例如下图：卡片上的四个数字分别是9（为了与6区别开来，9的中间涂上了灰色**9**），6，6，2，一个可能的运算方法就是：9-6=3，6+2=8，3×8=24。卡片四个角上灰色点的数目代表了该题目的难易程度：一个点的最容易，两个点的稍难一些，三个点的最难。

"挑战24"的卡片（来源：en/wikipedia.org/wiki）

"挑战24"游戏的规则是：每次从一沓卡片中翻出一张来，谁最先用卡片上的四个数字找到正确的运算方法，并得到24的答案，谁就赢得这一轮的胜利。翻完所有的卡片以后，赢得次数最多者胜出。

据说这一游戏是在20世纪60年代时起源于上海，后来美国宾夕法尼亚州的电机工程师罗伯特·孙在1988年发明了一整套“挑战24”游戏的系统，并取得了版权。

“挑战24”的游戏特别适合小学生，既有趣味性，又可提高学生的算术水平，美国很多学校都在学生中大力推行“挑战24”的活动。在1988年到2008年间，美国及一些国家都举行了“挑战24”的比赛。首先，由各参赛的学校通过校内比赛决出冠军；然后各校的冠军代表该学校再参加所在区域的校际比赛，决出区域的前四名；最后各区域的前四名选手代表其所在的区域参加州的比赛。据统计，从1988年到2014年，全世界有多达一千多万的学生玩“挑战24”的算术游戏。

值得一提的是，“挑战24”游戏的发明者罗伯特·孙先生出生在上海，九岁时随家人移民美国。孙先生说，他来到美国后，尽管他几乎不懂英文，但他还是被安排在五年级上课。在他学习新语言时，他受到了一些伙伴的无情嘲笑。然而，不久后，这些以前嘲笑过他的伙伴也开始向他求助解答数学题了。

无独有偶，昕开始学英语时遇到的困难与孙先生大同小异。昕七岁半在中国读完了小学二年级上学期，来到美国后继续上小学二年级的下学期。因为她的英文学习要从零开始向前追赶，所以她除了要上美国二年级的所有课程外，还必须上学校为母语是非英语的外国学生特别安排的英文课。

在美国上学后不久的一天，昕问我说：“你觉得我到了十岁时，我的英文会不会好起来？”我很确定地对她说：“你不用等到十岁，你的英文就会很好了。”说实话，我一点也不担心她的英文，反倒担心她的中文会逐步丢掉。人们都说，只要有语言环境，小孩子就能很快地把任何新语言学到手。果然，在一年的时间里，昕白天上学，晚上回家看美国电视的儿童动画片，语言能力突飞猛进。到了三年级下学期，她已不用上学校特别安排的英文课了。经过考试，老师认为昕的英文水平已达到了同年级的水平，而她的数学则超过了同年级的平均水平。老师们都很喜欢她，推荐她上了学校的“尖子班”。

昕上五年级时，学校要在全校学生中举行一次“挑战24”的选拔赛，选拔赛的冠军将代表学校到加拿大去参加区域的校际比赛。昕知道这一消息后很兴奋，除了课后和同学们一道积极参加老师组织的“挑战24”游戏训练外，回家后还找我一起练习。开始时我总是能赢她，但后来她解答题目的速度越来越快，我跟她抢答已是负多胜少了。很快，她在班上和年级“挑战24”的演习中也开始崭露头角，脱颖而出了。在选拔赛即将举办的前夕，她玩“挑战24”的水平已经远远高于她的大部分同学，几乎是打遍全校无敌手了。比赛越具有挑战性，昕就越精神亢奋，斗志昂然。

选拔赛一开始，昕就跃跃欲试，摆出一副志在必得的战斗姿态来。按照学校的比赛规定和程序，昕一路过关斩将，连连战胜了几位高手，一举获得了选拔赛的第一名。

当同学们都以为昕将会代表学校去加拿大参加下一轮比赛，纷纷向她表示祝贺时，学校负责组织此次选拔赛的老师突然更改原来的比赛规则，让选拔赛的前几名再分成两个小组加赛，每个小组的第一名出线。获得小组第一名的两人不必再比出高低，最后的冠军根据两人分别在各自的小组中的战绩来决定。

那位老师在分组时故意把强的选手与昕分在一组，而把弱的选手与她所看中的一个美国女孩分在另一组。昕与这位女孩是很要好的朋友，她俩经常串门一起玩儿，也一起苦练“挑战24”。凭昕自己的感觉，全校“挑战24”水平最高的就是她俩。显而易见，那位老师之所以订出这种不合理的规则和分组，就是为了人为地操纵比赛结果，不让昕去参加下一轮的比赛。

加赛的结果是昕和老师心仪的那位女孩分别以小组第一名出线，但计算小组内的输赢小分时，那位女孩胜出，昕出局了。

昕和她的同学们都对老师临时更改比赛规则分组重赛的做法感到很奇怪，连那位夺冠者也对老师说，昕比她强，应该选昕作为学校的代表去参加下一轮比赛。

那天放学回家，昕闷闷不乐，满怀委屈地向我讲述了学校选拔赛的经过和她受到的不公平。听了昕的诉说，我义愤填膺，怒从心起，觉得学校的老师出尔反尔，临时更改比赛规则不对。除此之外，我的本能还隐隐约约地在暗示我，很可能因为昕一不是白人，二不是美国公民，所以她才受到了老师的歧视和不公平待遇。想到这里，我准备按照一般美国家长的通常做法，第二天给学校老师打电话讨个公道。

当我正为女儿感到愤愤不平，思考明天如何与学校老师进行对话时，突然转念一想，我为何不利用这个千载难逢的机会锻炼培养一下女儿忍受委屈和不公平待遇的能力呢？我一向认为，人在一生中会遇到很多委屈和不公平，如何做到应付自如是一门很大的学问。有的时候，不公平会被公平所纠正、取代；但更多的时候，不公平不仅继续存在，甚至还会扩大。所以，一个人在碰到这类情况时，如果在无法改变客观现实的情况下不会变通，就会碰得头破血流。俗话说，“识时务者为俊杰”。我不愿意把女儿培养成一个投机取巧的人，也不愿意把女儿培养成一个做事死板、不懂变通的人。一个人的情商是可以通过后天培养的，而这种培养是需要一个相当漫长的过程，所以是越早开始越好。

真是“踏破铁鞋无觅处”，我觉得，借此机会锻炼一下女儿的情商显然比为她讨回公道更有意义！打定主意后，我马上改变了原来要为女儿打抱不平的想法。我对昕说："我觉得老师临时更改原来已宣布了的比赛规则是不对的，这样做确实不公平。但这不要紧，同学们都知道你是学校'挑战24'比赛的名副其实的冠军。只要你不放弃努力，以后还会有机会的。"昕听了我的话后，心里原来压抑着的委屈一下子爆发出来了！她流着眼泪对我说："我很想代表学校去加拿大参加下一轮的比赛！"我继续安慰、开导她，并告诉她一次失利不算啥，重要的是相信自己的能力和正确看待这种事，把不好的事情变成争取更好机会的动力。听了我的话以后，昕慢慢地平静下来了。

我认为，这次"挫折"在女儿幼小的心灵留下了非常深刻的印象，促使她在生活中更多地思考、学习，也增强了她的心理承受力和应变能力，提高了她的情商。这也许就是她人生中经受"挫折"的第一课，也是极为重要的一课。

8

鹅毛大雪中独行

美国纽约州罗切斯特市的冬天几乎天天是阴天，可以说是“天无三日晴”，而且还经常下大雪，平均年降雪量达九十多厘米。

为了让昕在小学毕业后能上罗切斯特地区最好的初中，我们在当地最好的学区租了一间两房一厅的公寓，公寓所在的小区离学校大约5公里。开学期间，学校的校车每天都到小区附近的指定地点接、送孩子们上学、回家。

昕上六年级那年冬季的一天，我一大早起来打开电视，看到电视里正在播放本地区下大雪的场景。我连忙往窗外望去，只见鹅毛般的雪花从天上密密麻麻地飘下来，外面的房顶上已经积了一层厚厚的白雪，地上一片白茫茫，树上挂满了雪花。根据往常的经验，不用看温度计，也知道外面的气温一定低于零摄氏度。我又回到电视机前，看看是否有报道各学校推迟上课或停课的通知。这时已是早晨六时三十分了，电视里还是没有动静，那就意味着一切都会按正常情况进行。

早餐后，昕背着书包，头上戴着帽子，身上穿着厚厚的大衣，手上戴着手套，脚上穿着长筒雪靴，浑身都包得严严实实的，准备出门去坐校车。这时，我伫立在窗前，望着窗外的雪越下越大，狂风肆意地卷着雪花乱舞，地上的积雪越来越厚，路上没有一个行人，心里开始犹豫起来。一般遇到这样的天气，如果学校不停课的话，家长都不会让孩子站在寒冷的雪地里等候校车，宁愿自己开车送小孩上学。我究竟要不要开车送女儿去学校呢？其实，昕的学校就在我工作的公司附近，我完全可以在开车上班时顺路把她送到学校去。妻子看到我在犹豫，也走过来站在我身旁，悄悄地对我说："今天雪下得这么大，住在我们这个小区的家家户户都会自己开车送孩子上学，你就不要让女儿走路去等校车了，开车送女儿去学校吧！"

透过窗户，我看到了远处孩子们平时等校车的地方空无一人，心里也默默地赞同妻子的话。在我正要改变主意的一瞬间，我仿佛看到了一个画面：长大成人的女儿，独自一人默默地走在白茫茫的、没膝深的雪地上，没有任何人来帮助她……这时，我咬咬牙，心也不由地狠了下来。不行，为了将来她能独自面对的一切，我今天不应该送她上学。于是，我对妻子说："别的家长开车送孩子上学，而我不想这样做，让女儿吃点苦不无好处。"我感到虽然自己说这话时的语气明显地软了下来，但意思还是坚定的。

昕并不知道我的内心在挣扎。她，没有讨价还价地向我提出开车送她上学的要求，像往常一样高高兴兴地走路去等校车。

看着昕在纷纷扬扬的大雪中走出了我们这座公寓大楼的大门，一脚深一脚浅地在雪地里慢慢地向等校车的那个地方挪动时，我的眼睛有点模糊了，我的心在流血……我搂着妻子的肩膀说："人心都是肉长的，我也很心疼我们的女儿。但想到她将来要独自面对整个复杂的社会，我只好狠下心来。"妻子听后不再作声，但我想，她心里是赞同我的做法的。

那天昕放学回家后，我问她："自己走路去等校车会不会觉得冷？有没有其他的同学和你一起等校车？爸爸没有开车送你上学，你会不会觉得很委屈？”她的回答是：她不觉得冷。虽然只有她一个人在路边等校车，她也不觉得委屈。听了女儿的话，我深感欣慰。我动情地对她说：“今天下大雪，别的爸爸妈妈都送自己的孩子上学而爸爸不送你，希望你不要怪爸爸心狠呵。你再长大一点就能理解爸爸对你的一片苦心。”

女儿对我讲的这番话似懂非懂，她只是点点头后对我笑了一下，转身就回自己的房间去玩了。

看着懵懂快乐的女儿，我真希望她在任何情况下都能永远保持这份童真和快乐！同时，女儿的反应也引起我进一步思考：我们做父母的，有时低估了孩子对恶劣环境的承受力。其实，当孩子独立面对困难的时候，他们克服困难的能力和勇气往往会超出父母的估计。我们的责任不仅仅是保护孩子，更要鼓励和帮助孩子开发自身的潜能。

昕在鹅毛大雪后帮忙铲雪

9

好奇心、爱好和梦想——女儿如是说之三

在六七岁的时候，我在电视上看到了一位我至今都不知道他名字的魔术师的表演。他在电视机的荧光屏里一边说话，一边变魔术。

“呐，我教你们怎么变这个魔术。首先，把硬币藏在这里，”他把一个一分钱硬币放在一个倒扣着的空碗的碗脚底部。“用拇指按住碗脚里的硬币。接着，把两个碗口面向观众，显示碗是空的。然后，把两只碗摞在一起。”这时，原来藏在碗脚下的硬币已放在了两个碗之间。他继续说，“再把两个碗的碗口相对，扣在一起。念一句咒语，最后再摇一摇……”说到这里，他把那两个相扣的碗摇了一下，里面就发出了一种硬币碰撞的响声。啊！原来这就是诀窍！魔术就是这么简单，简直太容易了！当我还在琢磨着这个新发现时，他忽然又说，“当然，要更有效的话，多摇几遍就行了……”这时，原来的一枚硬币的响声就变成好多个硬币的响声了。他一边摇着，一个个银色的一分钱硬币就一边源源不断地从那两只相扣着的碗中滚了出来！这就是我在孩提时代对徒手魔术的最早记忆。

在往后相当长的一段时间里，我对徒手魔术的小技巧十分着迷，憧憬着有一天我会成为一位出色的魔术师。但是，我最后还是把这个小小的经历放在了脑后，以至于它被各种兴趣、爱好和活动所淹没了。我有更重要

的事情要做了，例如：放学后去大学的操场抓蚂蚱来做一些“试验”。我经常玩得很晚才回家，搞得妈妈很担心。当时的画面是这样的：我浑身脏兮兮地回家，手里拿着两个透明的塑料盒子，里面装着几个蚂蚱。因为缺少氧气的缘故，这些昆虫几天后就会死在不透气的盒子里。那时，透气孔对我还是一个陌生的概念。

就这样，我孩提时的第一个雄心壮志是成为一名昆虫学家。什么是昆虫学家？昆虫学家就是与昆虫打交道、研究它们的人。那么昆虫学家怎样研究各类昆虫的呢？在我的想象中，昆虫学家拿昆虫来做试验：让昆虫和新捕捉到的螳螂一起打架，看看它们谁更强壮；把蚂蚁放在水池子里，看着它怎样浮出水面；观察蚂蚁在一杯闪闪发光的醋里如何艰难地爬行。也许有人会认为这些“研究”是对无辜的昆虫施行残暴酷刑，其实这纯粹是我源于好奇心的想象而已。

在我的儿童时代，我喜欢专注于一个能让我从中得到最大的快乐以及会有一个美好前途的爱好，而“昆虫”就是我的第一个这样的爱好之一。

在很长的一段时间里，我总是怀着要成为一个世界上最好的科学家的梦想。在小学四年级时，我对昆虫的痴迷开始扩展到了对所有种类的动物。那时，我修了一门生物课，学习了生物的分类、等级和各类动物王国。这门课引发了我的好奇心，于是我想成为一名动物学家。当时，我还是那些发音复杂的语言的大粉丝，我对那些发音听起来绕口可笑的拉丁文或希腊文的物种、等级名字感到好奇。

画画也是我的一大爱好。当我在美国纽约州罗切斯特市读小学时，我爸爸经常利用晚上或周末的时间带着我到市博物馆画画、写生。每次我们都带着画板、笔、纸和一张小凳子，买好门票后就进到博物馆里寻找要画的目标。一旦找到让我感兴趣的东西，我就坐在小凳子上画了起来。久而久之，市博物馆的几位工作人员才知道我每次来博物馆纯粹是为了画画。

他们饶有兴趣地看了我的画后，觉得我小小年纪，画画得不错，就决定给我和爸爸一种特殊待遇——免费进博物馆。这样，我在中国开始的这一爱好继续延伸到了美国。

这时的我，在想成为科学家以后，又有了新的野心，想成为一个漫画家。我开始模拟那些我喜欢的漫画家的画画风格。格力·拉尔森是我敬仰的漫画家，我喜欢他在画中运用的幽默感，而他在生物方面的知识重新唤起了我对当一个昆虫学家的旧情趣。事实上，我觉得我有能力采用拉尔森的画画风格，不过，要为所画的漫画创作笑话就是另外一回事了。

昕临摹的漫画：女人的进化过程

很快，我在发现了电脑和电脑游戏任天堂的同时，我知道了漫画家、甚至是那些成功的漫画家真正是挣不了多少钱的事实，加上我对电脑游戏的兴趣日增，我决定放弃将来要成为一个漫画家的梦想。

10

数学跳级、数学竞赛和达人证书

昕所读的小学的最高年级是五年级。升六年级时，她进了美国纽约州罗切斯特地区最好的一所初中。入学不久，学校对昕进行了一次数学水平测试。根据测试的结果，学校认为昕的数学程度已经达到了八年级的水平，决定让她的数学跳两级，到八年级去上数学课。

当学校就此决定征求我们的意见时，我们都感到十分意外。昕来美后，从小学二年级下学期开始，一直都是跟着她所在的班级学数学，我们从未在家里给她开数学“小灶”，更没有送她到校外的任何补习班学数学，不知道她有何本钱可以在数学上跳级？我带着疑问，亲自到学校找老师问个究竟。

老师首先告诉我，这种数学水平测试的方法和试题是美国教育界所公认并广泛采用的。老师还把昕的数学水平测试卷子拿给我看，详细地说明了测试分数和数学水平的关系，以证明学校的因材施教、让有能力的学生加速的决定是有科学根据的。老师的解释使我打消了大部分的疑虑，同意让女儿挑战一下自我，让她试试数学跳级。我想，反正可进可退，如果她跟不上八年级的数学，随时都可以回到六或七年级上数学课。

根据我的观察，数学跳级后，昕的学习、生活习惯没有丝毫的变化，该上课就上课，该玩就玩，数学功课对她一点也没有压力，我也就顺其自然了。

在美国的五十个州里，纽约州教育系统的设施、水平都较高。自1973年以来，纽约州每年都举办一次初中六、七、八三个年级的数学联赛。参赛的每所中学的六、七、八三个年级的所有学生都分别参加全州统一的年级数学考试，每个年级得分最高的前五名学生的个人分数和总分则作为该校该年级的数学联赛成绩，送到地区和州与其他学校进行比较，从而决出地区和州数学联赛的团体和个人名次。

在当年纽约州的数学联赛中，全州有来自381个学校、成千上万个六年级学生参赛，昕的学校的六年级全体同学也参加了这次数学考试。结果，昕的考分进入了学校六年级的前五名，他们学校的代表队不仅夺得了地区六年级组数学联赛的第一名，还在全州的381支六年级的参赛队伍中脱颖而出，一举夺得了州冠军。昕在联赛中也取得了个人分数全地区第三、全州第十一的好成绩。那年6月，我们所在地区的布莱顿—匹兹佛邮报登载了昕和她的数学参赛队友夺冠的消息和照片。

美国除了有各州组织的数学联赛外，还有更大规模的、在全国范围内的数学对抗赛。与数学联赛不同，数学对抗赛是由参赛学校从其六、七、八年级的学生中选出十名代表，组成学校代表队参加地区、州和全国的数学对抗赛。对抗赛分笔试和面试抢答题两部分。试题的范围很广，包括了代数、几何、概率、统计等。对抗赛采用的形式是残酷的淘汰赛，只有每一轮对抗赛的冠军才有资格进入下一轮的比赛。

昕从初中六年级升上七年级那年的秋天，她的学校准备组队参加即将在翌年3月中旬举行的全美校际数学对抗赛。因为在州的六年级数学联赛上崭露头角，昕得到了学校老师和同学们的认可和信赖，被选入了由学校六、七和八年级学生混合组成的数学对抗赛代表队。

为了加强对学校代表队队员的数学训练和在对抗赛中取得胜利，学校派了两位数学老师当教练，并由一位九年级的学生当助理教练，每周召集代表队的队员集训一次，让队员做数学题、演练口头抢答等。这些队员中的大多数都已经在初中八年级或高中九年级上数学课了。在举行对抗赛前的一个月，学校代表队抓紧时间作最后的冲刺，每天课后都集中全体队员，加强解题的难度和速度训练。最后，昕的学校代表队夺得了数学对抗赛地区冠军和纽约州第三名。

昕在参加全美校际数学对抗赛的同时，还在1月份参加了全美的SAT考试。在美国，SAT考试可以说是相当于高中十二年级毕业生入大学的“高考”。这次SAT考试活动是由美国著名的约翰—霍普金斯大学研究所青少年学习达人研究中心组织的，其目的是通过在全国范围内组织由学校推荐的十三岁以下的初中生参加“高考”，从他们中间寻找和发掘“学习达人”。这一年，一共有来自全美十九个州和地区的五万七千多名学生获得了参加遴选学习达人的资格。

受到学校的推荐，未满十三岁的昕也参加了SAT考试。虽然七年级的昕跳了两级修数学课，但最多也只达到九年级的数学水平而已，与十二年级的数学水平还有三年的差距；而她的英文水平与十二年级有五年的差距。

SAT考试有英文和数学两部分，昕的SAT英文分数分别高于全纽约州40%和全美国36%高中生的成绩；而她的数学分数则分别高于全纽约州69%和全美国67%高中生的成绩。

根据约翰—霍普金斯大学研究所青少年学习达人研究中心的规定，如果一个七年级学生的SAT单科（英文或数学）成绩或全科（英文+数学）成绩高于高中毕业生的单科或全科成绩的平均分，该中心就授予这个七年级学生单科或全科的达人证书。统计资料显示，当年全美共有七千七百多名七年级学生获得了参加学习达人的选拔资格并参加了SAT考试，其中只有20%的人获得了单科或全科的达人证书。昕不但收到了全科达人证书以及出席颁发达人证书大会的邀请书，还收到了参加约翰—霍普金斯大学研究所青少年学习达人研究中心组织的达人夏令营邀请信。

几次数学竞赛的经历和成功，使昕增强了自信心，激发了斗志，在学习数学的道路上继续加速。

1996年暑假，我拿到了一家世界著名跨国大公司的聘书，全家搬到了纽约州的另外一个城市，刚升上八年级的昕也跟着转学，来到了一所陌生的学校。对十三岁的昕来说，要重新交朋友，要适应新的环境，是一件很不容易的事。这所新的学校地处犹太人居住区，是当地数一数二的初中。犹太人对教育的重视程度绝不亚于中国人，甚至比中国人还要重视。这个学校所在学区的居民，不管学区每年的经费预算增加多少，都一律投赞成票通过。虽然如此，这所新学校的排名还是不如昕原来的学校高。昕转学后，数学还是跳两级到高中十年级上课，地理科学跳一级到高中九年级上课。因为昕原来的学校比这所新学校早一年开始上法语课，所以她一开始就跳一级上法语课。后来因为她觉得法语课程的进度慢，又再跳了一级法语。这样，昕除了每天到这所新初中上大部分的课外，还要到与初中不在同一地点的高中去上数学课、地理科学课和法语课。学校为此专门安排了校车接送她一个人往返于初中和高中之间。偌大的一辆可以坐几十个学生的校车，只有昕一个人坐在上面，真是有点过于浪费了！

由于开始时不适应新的环境，昕对此次转学有很大的不满情绪，也曾哭了好几回，并自言自语地说：“有的人真自私，为了自己的工作，要我离开了我的好朋友……”我一时无言以对。我非常理解她的感受，此时的她就像一棵刚刚扎下了根的小树又被连根拔起移到了另一处必须重新生长一样。我向女儿解释说，我换工作是为了拿到更高的薪水，让全家的生活过得更好，希望她能理解我的难处。不过，我相信，以昕开朗的性格和活泼的个性，她会很快适应新的环境和交到新的朋友的。

果然，昕很快就融入了新的环境和新同学之中，她的学习也没有受到任何影响。随后，在纽约州八年级的数学联赛中，一共有281所中学的学生参赛。昕所在的初中夺得了地区的亚军，在全州名列第九。昕本人也取得了地区的个人季军和全州个人名列第十八的成绩。

11

身体力行换来一劳永逸

如何教育、培养女儿有正确的道德观念、是非观念、行为准则是我在教育女儿的过程中常常思考的问题。

昕在中国上幼儿园、小学时，我对她在这些方面的教育并不太担心。在国内，这些教育主要是通过学校和整个社会来进行的。社会主义道德教育、政治思想教育、做好人好事、尊师守纪、努力学习、天天向上等都贯穿于幼儿园、小学、中学和大学的教育之中，报纸、电台、电视、杂志等社会媒体也积极宣传各式各样的先进人物和榜样。孩子们从小到大对这些教育、宣传耳濡目染，他们的道德观念、是非观念、行为准则等都不会有真空地带。当然，家庭教育在这方面的影响也是不可忽视的。不过，就我自己在国内长大的亲身经历而言，我觉得学校和社会的影响远比家庭的影响要大。

昕来到美国以后，我开始担心了。在美国，学校和社会既没有责任，也没有一套完整的系统来对孩子们进行道德观念、是非观念、行为准则方面的教育。而这些方面的教育，往往是通过教会和宗教信仰来完成的。基督教、天主教、伊斯兰、佛教、印度教等，每一种宗教都有自成一套的道德规范、是非观念和行为准则。所以，有宗教信仰家庭的孩子在这方面基本上是没有空白的。可是，我们的家庭没有诸如此类的宗教信仰，而昕只有七岁多，又是独生子女，怎么办呢？我总不能以放羊的方式让女儿在这些方面自由发展吧！

作为家长，我和妻子必须把这些方面的教育全部负责起来。我早就听闻清朝名臣曾国藩在家教方面非常成功，他极为重视子女的品德教育，并通过自己的言传身教、身体力行，提出了一套“修身、齐家”的理论和规范，使他的后人都没有成为纨绔子弟。因此，我特地托人回国帮我买了一套有关曾国藩的书，学习、借鉴他的理念与家教经验，为教育女儿做准备。俗话说“近朱者赤，近墨者黑”，年幼的女儿就像一张白纸一样，我们的一言一行都会对她的道德观念、是非观念或行为准则产生潜移默化的影响。我们必须身教和言教结合，以身作则，为孩子树立好的榜样。

有一次，我们一家三口晚饭后去散步，我和妻子并排走在前面，昕跟在后面。我们随意聊起了几天前在一个朋友家开派对时的人和事，并对几个朋友作了一些评论。话音刚落，我们就听到那正在读八年级的女儿马上接着我们的话说：“你们对朋友这么好，我长大了也要像你们对朋友那样对待我的朋友！”我和妻子听了昕的话都大吃一惊，这可真是“说者无意，听者有心”啊！没想到她一直在用心听着我俩的对话。我和妻子会意地交换了一下眼神，为我们无意之中的言教所产生的正能量而感到高兴。

有人认为“身教重于言教”。我觉得这句话非常有道理，特别是对较大的孩子来说，长辈的身教比言教的震撼力更大，可以收到“此时无声胜有声”的效果。在昕第一次到微软做暑期学生工期间，我去西雅图一间公司面试，并在昕和她的两位同学合租的公寓里度过了一个周末。刚进他们的公寓，我就看到厨房的洗碗槽里乱堆着一些未洗的碗筷、刀叉、盘子、杯子和锅。我觉得这个习惯不太好，就一声不吭地走进去，捋起袖子动手洗碗。这时，昕和她的女同学妮还在厅里说说笑笑，根本没注意到厨房里发生的一切。当我差不多把那堆锅碗瓢盆全部洗干净、摆整齐的时候，她俩才发现了我在厨房里洗东西。她们马上冲进厨房，一面抢过我手中的碗筷，一面为她们没有在饭后及时洗碗而道歉。我微笑着对她们说："没关系，你们太忙，我反正也没有什么事做，顺手而已。"事后，她们心里一直十分不安，并在第二天再次就此事向我道歉。

为了让女儿明白人生的艰辛，我曾多次与年幼的昕聊起我上山下乡当知青时的经历，并谈到当年不能上学、看不到前途、繁重的体力劳动以及艰苦的生活条件等。昕听了后说："我很同情你以前的遭遇，但你总不希望我能完完全全体会你的经历吧？除了我真的去重复你的苦难以外，我也没法彻底理解呀！"我完全能理解女儿这似懂非懂的回答，毕竟我和她是不同的两代人，所处的环境也很不相同。

为了巩固"言教"的效果，我还对昕进行了一次"现场教育"。在昕十四岁那年，我们一家三口从美国飞回中国，回到我三十年前插队当知青的那个村子去"体验生活"。当年那个落后的村庄已经起了翻天覆地的变化，村里崭新的小洋楼林立，昔日的农田上也盖起了一座座高级别墅，家家都有自来水，过去吃河水的日子一去不复返了。村里还办了灯具厂、瓷砖厂等企业，这大大增加了村民的收入，改善了村民的生活。村长把我们热情地接到了他家，指着他家旁边的一栋快要竣工的三层楼房告诉我们，那是他的新家。看到我当年插队的农村如此富庶，昕微笑着对我说："村长的新房子比我们家在美国的房子大多了……"显然，昕没有看到我所说的那个艰苦的环境，不过她还是亲身感受到了中国农村的变化。

我以为，"言教"除了用嘴巴讲外，还包括了动手写。"写"是"言"的一种延伸，也是"言教"的一种形式，而且更具永久性。因此，我前后一共花了大约六年的业余时间，把我在农村插队当知青的经历写成了四十二个故事，有七万多字。我把这些故事用电邮发给了昕，她收到后很高兴，说她一定会花时间来阅读这些故事。我相信，总有一天女儿会从老爸的这些知青故事中“尝”到人生的酸甜苦辣，并借鉴老爸的生活经历，悟出人生的道理，活出一个精彩的人生来。

在日常家庭生活中，我和妻子都非常注意营造一种民主氛围，让孩子有宽松的环境，与大人有平等的话语权，任何事情都可以摆到桌面上来，各抒己见，大家一起分析讨论，以弄清是非为目的；有时还采用投票的方式，少数服从多数。在讨论问题的过程中，我总是要多问昕几个为什么，也鼓励她对每一件事、每一个答案都多问几个为什么，让她学会思维的方法，自己去明辨是非而不是死记硬背每一个问题的答案。这样，以后遇到新的问题，她就可以举一反三，通过自己的独立思考和分析去应对。中国有句古话，“授人以鱼，不如授之以渔”，与其给女儿鱼吃，不如教会女儿捕鱼，这才是一劳永逸的办法。昕长大后深有感触地对我说：“你以前老让我对每件事都多问几个为什么，弄得我满脑子里都是问号，搞得我很累。不过，通过这个办法倒是促使我学会了思考，认真地动脑筋去想，把问题的方方面面都搞得清楚透彻。我现在处理起事情来就比较得心应手，不容易出大的差错。”

12

十三岁感言——女儿如是说之四

在我的生命中，有很多人影响了我。我必须说，对我影响最大的人就是我的父母。他们教我怎样做人，他们鼓励我要尽自己最大的努力去做好，他们为我作出了好的学习榜样。其他对我有影响的人是我的朋友、亲戚和老师。就我的朋友而言，仅仅和他们在一起就让我可以借鉴不同的想法和习惯。

我的朋友、我的家庭和我自己对我都很重要。如果没有我和朋友之间相互开的玩笑，生活会是多么的枯燥无味啊！如果我没有家庭，我也无法想象会有什么事情发生。但最最要紧的是，我自己对我很重要。我有权利去做我想做的事以及为自己做决定，我必须关心我自己，才能作出有智慧的决定。可是，我不自恋：同我自己相比，有太多其他的东西更值得我去欣赏、享受。

与每一个在中国或在中国家庭成长的孩子一样，学习是我的头等重要大事。如果你是个有文化的人，你可以做任何事情（不过，这句话从理论上看起来很有道理，但在现实中，这句话好像不大准确）。俗话说：教育会为你敞开各式各样的大门。我要竭尽全力去学习，为自己打开尽可能多的大门。我觉得，能够敞开思路去思考问题非常重要，如果你不敞开思路，就会错过很多有趣的观点和用不同角度去看问题的技巧。创造性是另一个重要的因素，它会给你的生活增添色彩，让你可以用想象力去解决生活里各种各样的问题。

我希望我的未来是有趣的，我想成为一个我所欣赏的人。就大学而言，我很想上麻省理工学院，并成为一名设计机器人的工程师。我仿佛看到了我自己一边设计计算机技术的未来，一边玩电脑游戏的画面。我想象将来的我会住在某一个城市的（没有空气污染的）郊区。我知道，要实现这些长远的目标，我要掌握好我的时间，改掉坏毛病，做好每一件事。我希望我将来对我现在感兴趣的东西更加感兴趣。我希望我有机会从事一个我喜欢做的职业。

憧憬未来，我仿佛看到这样的一个画面：高中终于结束了，昕高兴地开着车去麻省理工学院，进入了大学这个漆黑的、未知的世界，她正坐在她那牢房似的学生宿舍房间里，外面地上累积了三到四英寸的雪和泥浆。她已经成功地实现了她所有的目标。当昕不坐在计算机前面的时候，她会把时间花在变魔术、练手技和成为全校乒乓球冠军等活动上。她的大多数成绩得了A，为了不至于太单调，也有一些A+被扔进了成绩单里。昕要努力成为世界历史上有影响的人物。与此同时，她非常享受地跟一些她从不认识的人们交换着1和0（计算机二进位代码）。

最后，我想用我以前收集的一些智慧语句来总结一下我对将来生活的态度：

“在你的整个生命中，你会对你没有去做某些事情而感到后悔。为什么呢？因为要做的事情太多了，而手上的时间太少了。所以，不要为你找不到时间来做每一件事情而感到不安。为什么呢？因为这是根本不可能做到的。”

“但是你还是得去做事情。不要因为你无法做所有的事而阻碍自己去体验外面的世界。找一件事情来做：喜欢它的话，那就继续做下去；不喜欢的话，那就不做下去。如果这件事你可以做得好，那就把它做好；如果这件事值得享受，那你就乐在其中。你要去寻找值得做的事情，永远不要停止发掘它们。振奋起来！外面的世界有很多有趣的事情在等待着你。”

“然后，当你老了和不想动的时候，当你的孙辈们围绕着你那舒服的椅子团团坐，盼望着你逗他们玩时，你完全有能力满足他们的愿望。这不是因为你做过了什么重大事情，而是因为你曾经敢于做事情这一事实。”

第二部

情商是怎样炼成的

13

情商——女儿的“保护伞”

与智商这一著名概念并列的是所谓的情商（英文的缩写是EQ）。情商的概念是美国心理学家彼德·萨洛维在1991年创立的，是一种自我情绪控制能力的指数。有关专家认为，一个人的智商几乎可以说是与生俱来的，后天因素的影响很少；而情商却可以是后天逐步培养、改进的。

纵观今天的社会，随着现代科技的高度发展，人们在工作中单打独斗的时代已经过去了，取而代之的是团队的合作精神。因为没有一个人可以单独完成一项高科技时代的复杂任务，所以团队的合作精神显得尤为重要。可以说，没有团队的合作精神，就没有高科技的发展，而要搞好团队合作，就必须学会和掌握与各种各样的人打交道的技巧。在面临压力和快节奏的情况下能够调节、控制好个人情绪，成功地建立良好的人际关系等，都是高情商的表现。国内、国外很多著名的大公司在培训员工时，都会花很多时间来训练他们的团队合作精神和技巧。

从一个家庭的角度来看，孩子要处理的人际关系比社会上的简单多了。特别是独生子女的家庭，孩子很容易成为家庭一切的中心，处处受到父母、爷爷、奶奶、姥爷、姥姥的关爱和照顾，不用和其他兄弟姐妹分享生活资源，也不用关心和顾虑他人的感受和想法，很少受到委屈，甚至往往得到家庭成年人的溺爱迁就，更没有与他人合作的机会和体验……这种种对孩子成长的不利因素，总让我感到忧心忡忡，不容乐观。

在这种特殊环境下成长的孩子，无论家长多么严格要求他们，家里的环境毕竟还是比外面社会的环境要单纯、友好得多。如果女儿一旦习惯了在家里处处受到他人照顾迁就的环境，就会给她造成一种错觉，以为外面的社会与家里一模一样。于是，她在家里怎样处理人际关系，在外面就如法炮制。当她在外面碰到某种情况是她在家里从未遇到过的，她很可能会感到束手无策，不知如何处理是好。更有甚者，如果女儿在外面受到了很多在家里没有受到过的委屈和打击而不能很好地处理时，她就很可能被打垮而从此委靡不振。从我自己的个人经历而言，一个人在受到委屈和打击时能忍耐，能控制好、调节好自己的情绪，保持沉着冷静，设法等待或寻找转机，是人生中必须学会和掌握的一项非常重要的本领。当然，这也是属于如何提高情商的范畴。

每一个家长都希望自己的孩子有很高的智商，可是为什么有时智商高反而会变成不利的因素呢？我们知道，每一个孩子既有智商又有情商，如果把它们只分成高或低的话，那么智商和情商有四种不同的组合：①高智商+高情商；②低智商+高情商；③低智商+低情商；④高智商+低情商。作为一名家长，如果你只能为你的孩子选择这四种组合中的一组时，你的最佳选择顺序是什么呢？毫无疑问，大家的首选都会是组合①，接下来，你又会如何安排剩下三组的顺序呢？我为我女儿选择的最佳顺序是：①，②，③，④。也许有人会问：第三种组合是低+低，而第四种组合是高+低，明眼人一看就知道④比③好，你为什么会觉得“高智商+低情商”反而不如“低智商+低情商”呢？是的，如果我的女儿只能在“高智商+低情商”和“低智商+低情商”中二选一的话，那我宁愿选“低智商+低情商”。这样，女儿会从事一些与自己的能力相适应的工作，不求大富大贵，不求出人头地，但生活会稳定、平安。我的这一想法是源于我对1991年发生在美国爱荷华大学校园的一桩枪击案的反思和分析的结果。

1991年11月1日，一位来自中国的留学生在美国爱荷华大学拿到了博士学位后不久，开枪打死了他的博士学位导师和导师助理、他的系主任、学校副校长以及与他同样来自中国的师兄山博士，还打伤了一位学生秘书，最后他饮弹自尽。

这个行凶杀人的中国留学生毕业于北京大学，他在1984年通过了由著名美籍华裔物理学家、诺贝尔奖获得者李政道博士主持的中美物理交流计划的选拔考试后，1985年来美攻读博士学位。他的智商不能说不高吧?！而他之所以开枪杀人的理由，竟然是因为他觉得他的导师对他不公平，故意不让他的博士论文评上最佳博士论文奖，反而把这个奖给了他的师兄等。他在写给家人的永别信中，提到了他死活都咽不下这口气……我认为，他即使受到天大的委屈、有天大的理由，也不至于要走到这一步。如果他的情商稍微高一点，能调节、控制一下自己的愤怒情绪，他的思维就很可能不会走向极端，也不会产生要杀人的念头。由此可见，他的情商真的很低。既然他的情商如此之低，我不禁要问：如果他的智商也不高的话，他就不可能读博，也不可能把他的枪杀行动计划安排得如此周全，这一惨案也许就不会发生，他也许就不会自杀，他现在也许还活着，不是吗？当然，现实生活中不会有这么多的“也许”，但难道我们从这一事件中不可以得到很多教育培养孩子的启发吗?

爱荷华大学的这一枪击事件发生在二十多年前，受害者和枪击者的家庭及亲友在此事件中都经历了巨大的痛苦和悲伤。我无意在此重新引起他们对那一幕悲剧的痛苦回忆，只是希望家长们和整个社会能对这一事件进行反思，以引起对孩子们进行情商教育的重视。

在爱荷华大学枪击事件发生后的第三天，在此事件中遇难的副校长安妮的三个兄弟写了一封充满了爱心和同情心的信给那个枪手远在中国的家人。此信登载在美国的媒体上，特摘录如下：

"……我们在你们悲痛的时候给你们写这封信，是为了要分担你们的悲伤，以及希望你们和我们一起为相互的爱而祈祷。在这痛苦的时刻，安妮一定是希望我们的心中充满同情、宽恕和爱。我们知道，此时此刻只有你们的家庭比我们更悲痛。我们想让你们知道，我们愿与你们一起承受这一悲痛。这样，我们将能互相安慰、互相支持。这也一定是安妮所希望的。"

透过这封感人的信，我看到了不同情商之间的巨大反差，更意识到注重教育培养女儿有健康阳光的心理和高情商，是我作为家长和这个社会的一名成员义不容辞的责任。

为了让昕早日体验到在家里无法体验到的外面社会各种"恶劣环境"，达到锻炼、培养和提高她的情商的目的，我决定在家里人为地给她制造各种麻烦。例如：有时候明明是她做对了的事情，我就硬说她做错了，在她分辩的时候，我就用各种歪理来反驳她，经常搞得她很愤怒；有时候一家人在一起谈论、分析一件事时，不管昕持何种观点，我都故意和她唱对台戏，强词夺理，胡搅蛮缠，存心要搞得她发脾气。不难想象，每一次与昕发生"冲突"，基本上都是以我获得全胜，她发脾气或哭泣为结束。每当昕被我气得非常愤怒的时候，我都会让她发泄，并告诉她发泄可以，但要学会控制。记得有一次她气极了，狠狠地对我大声说："我真想打你！"我听了只好笑着对她说："那你就来打吧。"昕心里很明白，她的个子和力量与我相差好几个数量级，她只是以此来表达自己的愤怒，出出气而已。

我用这样的方法来锻炼昕的情商也不是没有顾忌的。我深深地知道，如果做得太过分，就会彻底地摧毁她的自尊和自信，也许她从此一蹶不振，后果不堪设想。因为我对女儿的个性比较了解，知道她是一个要强、懂得思考和不容易屈服的孩子，只要谨慎地掌握好分寸，随时灵活地调整力度，这种强化情商训练的方式会收到事半功倍的效果。当然，有时为了安抚她的愤怒情绪，我也会半开玩笑地对她解释：这是对她的训练，希望她能理解。我知道，她绝对不可能完全理解，也不会相信我的解释，但起码我向她作出一种友好的姿态，证明我不是她不共戴天的“敌人”。

妻子还会在我不在场的情况下唱“红脸”，细心温情地关爱和安抚女儿，告诉她爸爸其实很爱她，以平复她心里的一些愤怒和创伤，让她很快恢复与“恶劣环境”斗争的勇气和决心。

为了训练昕的情商，我还给她讲了一个古埃及有关情商的有趣故事：从前有一个希腊哲人的门徒，他的老师命令他在三年里必须付钱给每一个侮辱他的人。当三年的考验期结束时，老师对这个门徒说：“现在，你可以到雅典城去学习智慧了。” 当这个门徒正要走进雅典城时，他遇到了一个坐在城门口的智者。这个智者对每一个来往的行人都进行侮辱。毫不例外，他也侮辱了这个门徒，可这个门徒听了智者对他的侮辱不但没有生气，反而高兴得大笑起来。“为什么我侮辱了你，你还笑呢？”智者问道。“因为，”那个门徒答道，“在过去的三年里，我一直都要为我所受到的侮辱付钱，而现在你把这样的东西给了我却分文不收……”“进城吧，”智者对那个门徒说，“一切都是你的了……”

经过一段时间的磨炼，昕的情商有了显著的提高。有一次我又故意向昕挑衅，指鹿为马般责怪她，企图激怒她。结果，她笑着对我说：“我不会再上你的当了。不管你怎么气我，我都不会发脾气的。”听了昕的话，我由衷地感到欣慰，禁不住大笑了起来。我对她说：“看来你已经过关了，对你的情商训练可以结束了。” 昕噘了噘嘴，翻了一下白眼，不愿苟同地轻轻笑了一下，表示她不赞同我的说法。不过，她还是很高兴我以后不会再故意烦她、找她的岔了。

我只是按照自己的想法和判断对女儿进行情商训练，最后具体效果如何，还是由当事人来谈谈会比较客观一些。下面是昕读高中时对她曾经受到的情商训练所写的回忆片段：

我们都知道IQ是智商的意思。长期以来，我以为智商指的是“你的聪明程度”，但我并不知道还有情商这么一个概念。一天，我和爸爸一起看电视，有一个特殊的节目介绍了情商（即EQ）或“情感的智商”这一概念。不用说，爸爸马上就爱上了培养“情感的智商”这个主意，他开始每天都以嘲笑、讽刺我的方式来刺激我，企图惹我发怒。不管怎样，他的办法至少产生了一些效应。为了对付他，我把我和表姐在一起生活了四五个月里所学到的争吵、责备和抱怨的技巧都用上了。那时我的年龄还未到青春叛逆期呢（当我们知道情商这个概念时，我才八岁）。爸爸不停地讥笑我，但我必须承认，我有过一些大力摔门和哭泣、诉苦的时候。我总是认为，他是在摧毁我的自尊心。

不管我设置了多少道防线，爸爸总是有办法穿透它们，而且每一次的结果都是同样的：使我变得非常的愤怒和沮丧。为什么我不能克服这些愤怒和沮丧呢？我想，这样下去，我的沮丧将永无结束之日。我的自信已经缩小到像一粒葡萄干那么小了，我再也不会有能力去应付批评了。

尽管我在家里的战场上打了败仗，但是我突然发现，我在其他的地方却打赢了。在美国小学读书的几年里，受到各种各样的侮辱是最容易让人恼火的事情，但我觉得我好像有了一个很好的

“保护伞”，保护着我不受到伤害。我发现，我对其他人变得更加宽容了，而最最重要的是，我再也不会去过于认真地在乎、计较那些所谓的侮辱了。人变得有弹性了，那是一种多么有趣的副作用啊！可是在家里，战斗仍然在继续进行着。

经过几年的努力，我终于筑起了一道有效地对付老爸攻击的防线，虽然它不是一道绝对的屏障。

我虽然不记得从什么时候开始，我的自信心把我自己安全地包裹了起来，但这件事肯定是发生了。呵，对了，那时我爸爸开玩笑地说：“好了，看来对你的训练已经完成了。”

我觉得，从现在起，任何力量都无法打掉我的自信心。同时，我还奇迹般地发现，我和爸爸之间爱与恨关系变成了一种单纯的和真正的关系——恨已经消失了。

现在，我绝对能让自己在嘲笑戏谑的拳击场上坚持住而不被击倒！然而，我还是有点认为我爸爸的所谓“我在训练你的情商”的说法只是想出我洋相的借口而已。哦，对了，不管怎样，我还是很高兴地看到这一“训练”终于结束了。

14

女篮校队的唯一亚裔

俗话说："有其父，必有其女"。昕为什么从小喜欢打篮球，还得从我的爱好说起。我上初中时就酷爱打篮球，课前课后经常和班里的同学们活跃在篮球场上，还组队与校内外的其他班级比赛。"文化大革命"停课期间，我和班里的几个篮球迷吃、住在学校，每天上午和下午都到球场练球。下乡当知青期间，我又组织村里的知青、农民成立了一支篮球队，四处出击，打遍了全乡的六条自然村无敌手。我后来也被选入了公社的农民男子篮球队。上了大学后，我也曾是大学男篮校队的队员。也许我酷爱篮球的情结也就自然而然地传给了女儿。

昕从小学六年级开始学打篮球。当时我们租的公寓所在的小区有一小块水泥地，上面竖了一个篮球架，这就是女儿篮球启蒙的场所。最初，因为家里没有小孩子用的篮球，我就用成人的篮球教昕学投篮。球大人小，她投篮很费劲，球常常挨不着篮筐，但经过一段时间的练习，她很快掌握了投篮的技巧，带球技术也有了很大的进步。打篮球的趣味性和对抗性激发了昕学好篮球的欲望，她花了大量的课余时间学习、琢磨投篮和带球的技巧，还常常向我请教如何做假动作带球过人等。

在昕上八年级的第一个学期，因为搬家，昕也转学到了一所新的初中上学。开学不久，这个学区的高中九年级女子篮球队要选拔球员，初来乍到的昕自我感觉良好，就毫不犹豫地报名参加选拔。知道昕参加高中九年级女篮选拔的消息后，我积极鼓励她说："虽然你只是个初中生，但按照你打球的水平，我估计你一定能被选上。"

美国的初中有六、七、八三个年级，一般只有一支男子篮球校队和一支女子篮球校队。与初中不同，美国的高中有九、十、十一和十二四个年级，一般会有三支男子篮球校队和三支女子篮球校队，它们分别是：①新生（Freshman）男篮、女篮校队（全体队员必须是十年级以下的学生，因为多数队员是九年级的新生，所以叫新生校队。）②少年（Junior Varsity）男篮、女篮校队（全体队员必须是低于十二年级的学生）。③男篮、女篮校队（Varsity）（队员可以是任何年级的学生，但其多数队员是打过新生校队和少年校队的高年级学生）。

每年的篮球赛季，六支球队同时参加学区范围内的校际联赛，每周有几个晚上要去比赛，所以每个学生只可能参加其中一支球队。

选拔新生校队球员的那天，我下班后也特地从公司赶到高中体育馆的篮球场给昕加油助威。新生校队的主教练让每一位参加选拔的人单独带球、上篮和中距离投篮，考察她们的个人技术。接着，教练又把参加选拔的人分成两队打全场对抗赛，进一步考量每一个人的集体作战意识和能力，以及在球队里适合打的位置。据我在现场的观察，虽然昕是参选人中唯一的初中生，而且个子最矮，但她的球技和整体作战的意识是最棒的。我要是教练的话，我一定会选她。

几天以后，高中新生校队的主教练通知昕说，她已入选高中新生校队了，让她每天放学后到高中体育馆的篮球场训练，准备代表学校参加学区的校际新生队联赛。可是，当时昕也被初中选进了学校的数学代表队，准备参加地区和州的数学对抗赛，且高中新生篮球校队的训练时间与初中数学队的训练时间有冲突。昕最后决定放弃高中新生队。

从初中八年级升到了高中九年级后，昕自然被选进了新生队打主力后卫，几乎每天都要到高中的体育馆练篮球。在每次练完球时，所有的校车司机都已经下班回家了，队员们都得通知家长开车来学校接她们回家。有些队员相互住得比较近，她们的家长就互相协调，轮流接孩子们回家，以减轻每一位家长接孩子的负担。可是，昕没有队友住在我们家附近，我只好每次训练结束后开车去学校接她回家。如果晚上有球赛，昕放学后回家就先做作业，晚饭后我再开车送她到高中体育馆集中。

球赛分主、客场，若她们的球队轮到客场，学校会安排校车送她们去客场比赛以及在比赛结束后接她们回学校。她们的每一场比赛，很多家长和亲友们都到现场观战，做她们的啦啦队，为她们加油、打气。

赛季期间，篮球队的队员们每天放学后不是训练就是比赛，既消耗体力又占用大量的时间。她们为了按时完成作业和对付各种测验、考试，经常把书包带到比赛现场，抓紧一点一滴的空隙时间做作业或复习功课。当时一个十分常见的场面是：如果当晚有两场赛事，而昕她们的球队被安排在第二场比赛时，我看到的一定是昕和她的队友们在第一场赛事结束之前横七竖八地趴在体育馆休息室的木地板上写作业或复习功课的情景。

昕（前左二）和高中少年女篮校队的队友及教练

昕在新生队打篮球的第一个赛季刚刚过了一半，由于有一个少年队的队员退出了球队，少年队的主教练马上把昕补充进少年队。当时在少年队里，昕只能打后卫替补队员的位置，练球的时间很多，但上场比赛的机会就少了。尽管当板凳队员，昕还是觉得能与比自己水平高的人一起打球，可以学到更多的东西，个人的技术水平也会提高得更快。

在高中新生、少年队的第一个赛季结束后，昕升上了十年级。这时，除了继续在少年队打篮球外，她又参加了学校的划船队。两项运动的训练和赛事都十分频繁，而且没有特殊的理由都不准请假，所以昕选择了继续留在少年女篮校队再打一年。她自己忙得不亦乐乎，我们接送她的工作量也随之增加了一倍。

在高中少年女篮校队的第二个赛季开始前的那个暑假里，少年队的主教练组织了很多场篮球比赛，旨在以赛代练，强化少年队的训练，通过实战大幅度地提高队员们的水平，以求在第二个赛季里取得更好的成绩。主教练要求全体队员都必须参加安排的所有比赛。但是，昕的划船训练时间与少年队的篮球比赛时间有冲突，她选择了新学的划船训练，而放弃了篮

篮球比赛开始前的最后鼓劲

球比赛。最后在我的反复劝说下，她整个暑假才勉强抽空去参加了一次少年队的比赛。对此，少年队的主教练感到不太高兴，觉得昕太不重视她的安排。虽然昕也能感觉到主教练对她的不满，但她只能二选一，无法做到两全其美。

在高中少年队的第二个赛季里，昕升级为首发队员中的控球或投球后卫，几乎每场比赛都要上场。

在昕升上十一年级时，她顺利地通过了女篮校队的选拔，成了校女子篮球队的正式队员。此后，她在女篮校队一直参加比赛到高中毕业为止。

昕在高中上了四年学，也在高中的三支女篮校队里打了四年球。在她参加过的几支校队的所有队员中，她一直都是唯一的亚裔，其他的队员都是白人。她也一直都是球队里个子最矮的一个，但凭借着灵活、快速和娴熟的篮球技术，昕在这几支校队里都占有一席之地，为亚裔、为中国女孩增了光。

通过打篮球，昕锻炼了身体和意志，增强了竞争能力和团队作战意识，真是有百利而无一害。篮球已成了昕的终身爱好。

离开高中后，她在大学经常抽空打篮球。有一次，正在读硕士的昕在麻省理工的体育馆里练篮球，有两个麻省理工学院女篮校队的队员看到昕的高超球技，特地走过去问她是否有兴趣参加校队。

昕（右一）在家练投篮

大学毕业工作后，昕每周都安排固定的时间打篮球；回家探亲时，她和我经常在球场上一打一和比赛罚球命中率，父女双双沉浸在打篮球的无限欢乐之中。现在的她，左右手均能上篮，胯下运球，跳投，中、远投的技术都相当不错，体能也很好。和昕打一对一的对抗赛，上了年纪的我早已不是她的对手啦。

更为有趣的是，我曾开玩笑地对昕说："你若是找到了男朋友，想得到我同意的标准很简单：由我和你的男友在篮球场的罚球线上进行一次投篮比赛，每人投十球，只要他能赢我，我一定大开绿灯，马上同意。"2014年7月4日是美国国庆节，昕回来和我们共度长周末。一天下午，我们抽空到我们小区的篮球场打篮球。在罚球线投篮的比赛中，昕和我都是十投七中打了个平手。我笑着对她说："看来我还是宝刀未老，你的男友要得到我的同意也不是那么容易呵。"

昕（右一）、作者（右二）和亲友在家门前比赛篮球

15

打乒乓球和滑冰

除了打篮球外，昕还爱好打乒乓球，这也许是受到了我的影响。我从小开始学打乒乓球，小学时曾拿过全校男子乒乓球季军，并被选入校队代表学校参加地区的校际乒乓球赛。上中学后，我基本上着迷于打篮球，很少打乒乓球了。来到美国后，为了锻炼身体，我重新拿起球拍打乒乓球，有时和朋友打，有时到乒乓球俱乐部打，还参加了美国乒乓球协会，曾先后多次在美国某大学、我们居住地的华人协会以及美国乒乓球协会分会举办的乒乓球赛中夺冠。

昕获得的乒乓球奖杯

耳濡目染，潜移默化，昕从小就拾起我淘汰了的乒乓球拍，开始学打乒乓球，她的悟性很好，打球的技术提高得很快。昕十二岁那年，我们居住的那个城市的华人协会举办了成年人男、女和儿童组的乒乓球赛，我拿到了成年人的男单、混双冠军，昕拿到了儿童组的冠军。

初中毕业前夕，昕在她写的一篇短文中，以一种幽默的口吻提到了她将会看到自己成为麻省理工学院乒乓球冠军的画面。

如果说昕学打篮球和乒乓球是受到我的影响的话，那么她学滑冰则完全不是受我的影响。反过来，倒是女儿学滑冰带动了我学滑冰，而且她的滑冰技术比我高出好几个档次。

昕上小学三年级时，我的表妹芳与我们住在同一个城市。芳从小在北京长大，滑冰滑得不错。我从小在南方长大，在国内时从来没有见过一片雪花，更谈不上滑冰了。不过，我倒是学过在水泥地上滑四个轱辘的“旱冰”。

一天，芳主动提出要带昕去学滑冰，她从同事那里给昕借来了小孩子用的花样滑冰冰鞋，并自告奋勇当昕的滑冰教练。

美国的滑冰场一般是冬天才对公众开放的。昕开始学滑冰时，只能用手扶着滑冰场周边的栏杆，沿着椭圆形的冰场慢慢地挪动，每次大约“滑”一小时。经过短短的几次训练，她已经可以沿着滑冰场周边慢慢地滑行了。为了奖励昕的进步，芳送了一双非常漂亮的、白色的花样滑冰冰鞋给她。后来芳工作忙，我就接过了周末带昕去滑冰的任务。

每次带昕去滑冰，我都穿上厚厚的冬衣，坐在冰场的观众席上看着她滑。随着年龄的增长，昕的脚也越来越大了，表妹送给她的那双冰鞋已经不合脚了。幸好美国的滑冰场有各种大小号码的冰鞋出租，我就不用经常给昕买新冰鞋了。昕的自学能力挺不错的，她滑冰的姿势越来越好看，速度也越来越快了。

为了学习冰球运动员快速滑冰时的急停技巧，昕在滑冰场上大大方方地向一些她并不认识的高手请教，那些高手也很耐心地回答了她的问题，教她快速急停的要领。经过几次练习，昕不仅能自如地做到了在快速滑行中急速“刹车”停下来，而且还会用脚下的冰刀在冰面“扬”起一道扇形的碎冰渣。

滑冰场上快乐的昕（八岁）

学会了急停后，她又开始学“倒着向后滑冰”。除了仔细观察别人是如何向后滑冰外，昕又如法炮制地“祭”起了她的法宝——虚心地向冰场上的高手们请教。就这样，她很快学会了向后滑冰这一新招。

昕几个冬季都坚持去滑冰，技术水平提高得很快。为了挑战自己，她提出了要把花样滑冰的冰鞋换成打冰球的冰鞋，我二话没说就给她买了一双打冰球的冰鞋。

昕在学习滑冰过程中精益求精的态度让我在自叹不如的同时受到了启发：我为什么不利用带女儿滑冰的时间自己也学滑冰呢？于是，我这个五十多岁的老爸从此离开了冰场的观众席，下到冰场开始学滑冰，跟女儿在滑冰场上一起成长。经过一番跌跌撞撞，我这个南方人终于也学会了滑冰，很有成就感。

16

做 作 业

对女儿的学习，我一向的态度是：她若不来找我，我绝不会去找她。我在她上小学时就对她说：“你学习是为你自己，不是为父母。”在麻省理工学院拿到了硕士学位、并工作了数年后，昕深有感触地对我说：“就是你说过的这句话打动了我，一直激励着我自觉努力学习。”

昕从小学、初中、高中、大学本科到硕士研究生，我从未检查过她的作业，督促过她复习功课，只在每个学期末看看学校寄来的总成绩单而已。一切学习上的事情都由昕自己安排，必要时我可以提供意见和帮助。当然，我很希望她能严格要求自己，养成良好的学习习惯，但昕的个性很强，我只能用摆事实、讲道理的方法来说服她，强制、压服反而会适得其反。

“引而不发，跃如也”，更多的时候，我用暗示或言传身教的方法会收到事半功倍的效果。我经常和昕开玩笑说：“如果我想让你向东，我就得说你向西吧？！这样你还有可能向东。否则，没门儿。”昕听完笑着说：“我不会那么容易上当吧？！”

昕上高中十年级时开始修物理课。在一个星期三的傍晚，我像往常一样，吃过晚饭就随手拿起我的运动袋，准备开车到30多公里外的一所大学的体育馆打乒乓球。这时，昕走过来用商量的语气对我说："爸爸，你今晚可不可以不去打球啊？"我愣了一下，心想：每周的三、六晚上都是我的打球时间，风雨不改，雷打不动。莫非她有什么重要的事情？虽然明明知道女儿是"无事不登三宝殿"，但不能去打球，心里还是有点不爽。

仔细一问，昕说她明天有物理测验，今晚要做一些物理习题，若有问题，会随时要我帮忙。平时昕很少找我问学习方面的事情，现在既然她开了口，我没有理由说不。于是，我放下运动袋，坐在一张桌子旁边看书，昕在另一张桌子上做物理习题。我看了一下昕的物理习题，大部分都是力学方面的问题，而力学正是我读本科、硕士和博士时的专业，我帮她答疑应该没有什么问题。

我问昕一共有多少物理题要做，她说大约有三十五道题。昕从晚上七点三十分开始做题，一直到十一点多还没做完。其间，她来问过我的习题有近十道，我都一一详细地给她解释清楚，有时还得对照她的物理书来讲解。她的一些习题，如果用微积分等高等数学的方法来解就比较容易，但她们的数学课程还没有学到高等数学，我只能用她们学过的数学来讲解。

我看到时间实在太晚了，昕也睏了，可是她的习题还没做完，再耗下去，明天的测验就肯定没戏了。于是我准备直接把解题的方法和答案告诉她。我当时大约算了一下，咦！昕做完的题目已经不止三十五道了，为什么还有？我再三追问，她才说其实一共有五十三道题，如果一开始就说有这么多作业没完成怕我生气，所以打了个折扣。她还承认，她一直以来都没有做老师布置的物理作业，所以累积了这么多功课。明天要大测验了，今晚才来个"临时抱佛脚"式的突击。我知道后心里很不高兴，用一种训斥的语气对她说："你以为你是天才吗？即使是天才，不做作业也是不行的。"昕知道自己错了，一声不吭。看到她一脸疲倦的样子，考虑到她明天还有测验，我很快地压下了火气，调整好心态，轻声对她说："你先去睡觉吧，养足精神对付明天的测验。剩下的几道物理题我来做，我会把解题的方法和答案写好放在桌子上，你明天起床后可以看看。” 昕听后点了点头，揉着几乎睁不开的眼睛，回自己的房间睡觉去了。

直接把习题答案告诉女儿不是我的作风，这次因为时间来不及，只好变通出此下策，这也是没有办法的办法，下不为例。我一直做到凌晨一点多才把剩余的习题做完。当我早上起床上班时，昕已经吃完早餐上学去了。她下午放学回家后，我们俩都没有提及她上午物理测验的事情。

从此以后，昕再也没有用物理习题来麻烦过我。在那个学期的总成绩单上，我看到了她的物理成绩是A。

昕十年级上学期结束时，学校寄来了她的学期成绩单。她的各科成绩总评都是A或A-，唯有以前一向成绩很好的数学是B+，这个B+在一连串的A中间显得特别刺眼。我看了成绩单，但没有问她任何问题。

昕大学毕业后的一天，她突然问我是否还记得她十年级上学期数学成绩的那个B+。我说当然记得。她又问我："你知道我为什么会得B+吗？"我说："不知道。"这时她才告诉我，当时她的班上有一个数学很好、多次在学校和地区的数学比赛中名列前茅的男同学，昕和这个男生都是学校数学队的队员。有一次，这个男生对昕说，他从来都不做老师布置的数学作业。听了他的话，昕也尝试了一个学期不做老师布置的数学作业，最后学期成绩得了个B+。因为怕我批评她，所以她当时没敢告诉我实情。幸好那时我也没有追问她为什么数学会得了一个B+。事情已经过去多年了，我相信女儿自己也早就明白了其中的许多道理，我也就一笑了之了。

昕高中四年的成绩中只有那一个B+，其他的全是A+、A或A-。如果她认真地完成了那个学期的全部数学作业，她的最后成绩就很可能是A而不是B+了。我常用这个故事提醒她，她虽然也觉得有点可惜，但还是顶了我一句："哎呀，是我做了不好的决定，但是不要耿耿于怀啦！"这世上是没有后悔药可吃的，重要的是她能吸取教训，亡羊补牢，今后不再犯同样的错误。

昕高中毕业时，她的学校在三百多名高中应届毕业生中评选出二十五名优秀生，并在毕业典礼上向每一位优秀生颁发了一枚优秀生奖章和一条披在毕业袍上的金色绶带，昕是这二十五名优秀生中的一个。

胸前佩戴金奖章、身披金绶带的优秀高中毕业生昕

17

老爸的“两不”规则

知女莫若父，通过对女儿的优点、缺点性格等进行全面的分析，我认为昕的教育宜“宽中有严，严中有宽，宽严结合”。也就是说，在教育女儿的过程中该宽的地方就适度放宽，该严的地方就决不放松。我对女儿在有些方面的要求是十分严厉的，甚至比虎妈还要厉害。

在昕上初中时，我就对她宣布了我的“两不”规则。

第一，不许说“不公平”这三个字。在美国和其他一些西方国家，“不公平”（英文：Not Fair）这三个字是一句很流行的口头禅。很多儿童、青少年和成年人碰到挫折或自己犯了错误时就简单地说一句“不公平”来解释一切，以此推卸自己的责任以及取得心理平衡，而不去检讨自己或分析其中的原因。我个人认为，这是西方文化中的糟粕，绝不可取。所以，我对昕说：“在任何情况下，我都不想听到你说‘不公平’这三个字来抱怨你的遭遇或作为自己没有做好事情的借口。”实际上，人一生下来就是不平等的，每个人的天分、家庭背景、拥有的社会资源等都不是平等的，所以遇事埋怨“不公平”毫无用处，只会让自己失去斗志而安于现状。如果你觉得环境对你不公平，你就要设法去改变环境；如果你无法改变环境，你就得设法改变你自己去适应环境。怨天尤人在我家绝对不允许。

我对女儿的这一要求，也许很大程度上与我的个人经历有关。1966年“文化大革命”开始时，我才刚刚读完初中二年级，学校就停课了。1968年到1972年，我上山下乡到农村插队落户当知青；1972年招工回城当了一名码头搬运工。在当知青和码头搬运工的几年中，为了弥补自己受教育的不足，我千方百计借来了初、高中的数理化课本，白天干活，晚上学习。最后，我在1978年考上了一所全国重点大学，毕业时拿到了学士学位并留校任教。1985年，我到美国留学，先后拿到了硕士和博士学位；在一些国际科技杂志和国际学术会议上发表过几篇文章；拥有一项美国专利，并有一项专利正在美国国家专利局等候审批。如果我当年只躺在那里怨天尤人，埋怨社会对我不公平，不在逆境中发奋努力，那就只会一蹶不振，永远沉沦下去了。人的一生中有顺境，更有逆境，我希望女儿在任何环境下都能够做到对自己负责，不为物喜，不为己悲，尤其在逆境中要扼住命运的咽喉，不被困难所压倒，自强不息，百折不挠，成为生活中的强者。

第二，不要期待得到父母的表扬。为了让女儿不骄傲自满，永远奋发向上，从小学到大学，不管女儿做得多好，她都基本上听不到我们对她的赞扬。在昕用中文写的一篇《我家的字典》作文中，她提到了我们家的“字典”上有一个专门的术语是“还可以”。如果爸爸、妈妈说她做得“还可以”，那就是对她最高的赞扬了。

在学习上，昕曾对我说，她的一些同学学习成绩得个B就能得到父母的大声称赞，有的还有物质奖励。可我却对她说：“只要你尽了自己的最大努力，即使你得个C，我也会很高兴；如果你没有尽自己的最大努力，你得个A，我也不会高兴。”

西方文化的教育理念主张对孩子以鼓励、赞扬为主，以保护和增强孩子的自信心和上进心。这种教育方法在孩子成长的某些阶段是十分重要的，尤其是对一些自信心不足，需要很努力才能做得好的孩子更为适用，但对那些能力和自信心都很强、学习不用太费劲就能得到好成绩的孩子就不一定适用了。所以，我从来不会像美国的大多数家长那样，对孩子做的每一件大事小事都说：“做得好，太棒了，我为你骄傲！”我始终提醒自己，在看到女儿的进步和成长的同时，更要实事求是，客观地评估女儿的能力与成绩，既不放任自流，又不拔苗助长，向女儿提出的要求必须与她的能力相符，并随时根据她的能力变化作适当的调整。就这一点而言，我认为虎妈对她的两个女儿提出的高要求，也是以她对她的两个女儿的天分和能力的客观评估为基础的。如果虎妈仅仅是盲目地凭着“望女成凤”的主观愿望去要求她的两个女儿，即使成功了也只是侥幸而已。

平时，昕对得不到父母的赞扬习以为常。在她看来，得不到父母的表扬是正常的。如果哪天她突然破天荒地得到父母的表扬，会让她有“太阳从西方升起来”的奇怪感觉。在昕工作了几年后的一天，我们一家三口在晚饭后去散步，一边走一边聊天。我突然微笑着对昕说：“看来你还是挺聪明能干的。”昕听后愣了几秒钟才反应过来，用一种带着一些委屈的声调笑着说：“我等你这句话已经等了很久啦！你现在才讲出来我已经没有感觉了！”我依然微笑地看着她，淡淡地回答说：“正是因为知道你不会有感觉，我才会说这句话的。”此时，我俩不约而同地互相望了一眼，会意地笑了起来，正是“心有灵犀，不点也通”！

18

情人节和谈恋爱

情人节是西方文化中的一个重要节日。每年的2月14日，人们都会以送花、巧克力糖、贺卡给自己的恋爱对象等各种方式来庆祝情人节。

情人节历史悠久，据说其起源于一千八百多年前，古罗马的一位暴君认为未婚的男子可以成为更优秀的士兵，为了能征到优秀的士兵，他下令禁止人们举行婚礼。当时，一名叫华伦泰（英文名为：Valentine）的修士不顾这个暴君的禁令，秘密替人主持婚礼，结果被投入了监狱，最后惨遭处死。华伦泰去世的那天是2月14日，为了纪念他勇敢无畏的精神，人们将每年的2月14日定为华伦泰纪念日，后来这一天成为了情人节。受到西方文化的影响，这个节日现在在很多东方国家也被人们普遍采纳。

美国的青少年，很多在初中、高中就开始尝试交男、女朋友谈恋爱了，有的甚至在小学就开始了。具有西方文化背景的家长们一般不会禁止或过多的干涉自己子女的“早恋”，也许他们认为孩子们在此阶段谈恋爱也只是比玩“过家家”稍微认真一些罢了，其中的变数还很多，日后真的能修成正果的不多。更重要的是，他们认为让子女早些获得与异性相处的经验，对子女的成长有好处。当然，家长们是绝不希望自己的子女在读初、高中时结婚或未婚怀孕。相比之下，亚裔的家长们一般都比较保守，不希望自己的子女在上初、高中时谈男、女朋友，怕影响学习。

我比一般的亚裔家长稍微开通一些，虽然我心里倾向于严禁女儿在初、高中阶段谈恋爱，但因为不想戴上一顶“武断、不民主、封建”家长的帽子，我从未向昕表露过我的这一想法，表面上摆出一副“顺其自然”的面孔来，以保持我是一名“开通、民主”家长的光辉形象。其实，我心里一直很担心昕在谈男朋友方面出差错，一失足成千古恨。

在昕十六岁那年的情人节傍晚，她放学进家门时，我发现她手里拿着一支鲜红的玫瑰花，我马上半开玩笑半讽刺地对她说：“祝贺你啊，终于有人在情人节给我的女儿送玫瑰花了！”她马上苦着脸说：“是华尔斯送花给我，搞得我很烦、很狼狈啊！我俩一直是很要好的朋友，可这样一弄，搞得大家都很尴尬。”

华尔斯是昕同班的一位美国男同学。同昕一样，他也是一个独生子女，他的父母是当地一家报纸的高级编辑和专栏作家。华尔斯的各科学习都很优秀，多次在学校和地区的数学竞赛中得奖。在体育方面，华尔斯的跆拳道水平很高，曾参加过全美少年级别的比赛。从高中九年级开始，昕就认识了华尔斯，他们一起修课，一起组队做老师布置的项目，一起代表学校去参加数学比赛。平时，他们之间有说有笑，玩得很好，但从来没有提及做男女朋友的事情。现在，华尔斯通过情人节送花的方式，向昕正式提出了做男女朋友的愿望。昕说，她既不想当他的女朋友，又不想伤害他的自尊心，思来想去，决定第二天找华尔斯谈谈，委婉地拒绝他的要求，希望两人继续做好朋友。

为了了解昕的看法，我故意对她说：“华尔斯挺优秀的嘛，为什么不试一试呢？”昕回答说：“我觉得我们的年龄还小，而且美国大多数中学生谈恋爱都不是非常认真的，所以我绝不会在读中学期间考虑找男朋友的事情。”昕还告诉我，她的一些女同学曾开玩笑说：“如果你恨谁就找谁练习练习谈恋爱吧。”对于昕的观点，我是完全支持的，并相信她真的是这样想的，也能说到做到。

在这次情人节的送花事件之后，有一位名叫鹏的亚裔男同学邀请昕去看电影，并让他的父亲一起作陪以示诚意。昕和他们一起去看完电影后，另外找了个机会向鹏说明了自己现阶段不想谈恋爱的态度。鹏对此表示理解，此后一直和昕保持着一般朋友的友谊。

即使昕对谈恋爱的态度如此，她却愿意给朋友们当参谋，甚至是“红娘”的角色。她的朋友们常常向她咨询谈恋爱方面的问题和意见，她一开始倒觉得挺奇怪的，她跟我说：“我也闹不清楚，他们明明知道我在这方面的经验最少，为什么还要来问我他们该怎么办。那不是要我这个‘盲人’给明眼人指路吗？”昕把这些当参谋或“红娘”看作是为朋友两肋插刀之举。通过用比较客观的眼光去帮助别人分析问题，昕在加深了对朋友的了解的同时，自己也学到了不少东西。

对女儿谈恋爱一事，我所持的态度从表面上看来是宽松的、民主的，主张顺其自然，让孩子自己做主，我只扮演参谋的角色。其实，我心里十分紧张，生怕女儿一不小心找错了人而后悔莫及。我首先跟她说明我的底线：她决不能未婚先孕或生孩子，这样既害了自己，也害了孩子。虽然我心里很纠结，很想给女儿定下一些规则，但我知道，在这件事上用强迫的办法不仅无效，而且往往会适得其反。轻则，女儿会一问三不知，对我封锁一切有关她谈恋爱的消息；重则，她会与我作对，反其道而行之。我们做家长的千万不要自以为聪明，低估了孩子的智商。孩子不但不会跟着我们的指挥棒转，还会耍“上有政策，下有对策”的花招来应付我们。

我有一对华人夫妇朋友，他们的女儿小曼比昕小一岁。小曼的妈妈对正在谈恋爱的女儿管教很严，除了规定小曼晚上九点前必须回到家以外，还要小曼把个人博客的网址告诉她，以便她随时登录小曼的博客进行检查。小曼对昕说，对于她妈妈的无理要求，她很反感。为了让她妈妈“高兴和放心”，小曼在网上开了两个博客，一个是专门用来对付她妈妈的检查的，里面写的全是她编造出来的、完全符合她妈妈口味的东西；另一个才是她真正的个人博客，里面有一大堆在她妈妈看来是离经叛道的“垃圾”。我想，当小曼的妈妈在女儿的博客里溜达时，她做梦也没有想到她所“掌握”的女儿的情况全是假的，她原来想通过这个办法来监控女儿，结果反而蒙在鼓里，被女儿牵着鼻子走。

显然，小曼妈妈的方法是行不通的。既然如此，我还不如干脆表现得大度一些，表示尊重、理解和不干涉，名为“无为而治”，其实是“欲擒故纵”，这样也许会收到更好的效果。

于是，每次昕和我讨论她在谈恋爱过程中发生的一些事情的细节和困惑时，我其实都在非常用心去听，脑子也在飞快地转，迅速分析和判断她所提供的信息。但在表面上，我却像个旁观者一样，露出一副轻松、与己无关的神态来，偶尔插一两句话点拨一下，或给点参考意见，绝不用说教和命令式的口气说话。当她讲到一些我认为无关紧要的琐事或钻牛角尖时，我还会假装摆出一副没兴趣、不耐烦和不想再听她唠叨的样子来。昕曾对我说：“你其实很会安慰我，分析问题也很清楚，我很尊重你的意见，但我并不指望你能帮我解决什么问题。只是，你曾几次突然冒出来的智慧和安慰真的对我有很大的帮助。所以，我愿意继续跟你聊这些事、烦你，好创造机会来向你请教！”昕知道，不管她告诉我什么事情，我也不会大惊小怪、反应过度的。

用这种办法，我这个兔爸可以随时知道女儿谈恋爱方面的真实情况和想法，在关键的事情上还可以及时替她把关、出谋划策，这不正是我们作为家长想要的吗？

对于孩子找对象一事，有关专家认为，儿子一般会以自己的母亲为样板找女朋友；女儿一般会以自己的父亲为样板找男朋友。我无法判断这一观点是否正确，但我相信这种观点。昕曾多次当着我和妻子的面说，她也想找一个像爸爸那样的丈夫，但唯一的不同就是她的丈夫不要像爸爸那么骄傲。我听后大笑起来，不动声色地说："虽然我并不认为我自己有多么的优秀，但在这个世界上，你要找到一个优、缺点都和老爸一模一样的男人就已经很难了。如果你还要找到一个有老爸所有的优点，又没老爸那么骄傲的男人，那更是难上加难！"

诙谐幽默是我们家庭生活中无处不在的润滑剂，它能减少家庭成员之间的摩擦，给家庭带来和谐和欢乐。

19

掌舵绕过巨石

昕在高中十年级参加少年篮球校队的同时，又参加了学校的划船队。篮球队平时训练，只有在冬季才参加校际联赛，而划船队在春、夏、秋三季都有训练和比赛。这样一来，昕的课余训练时间几乎是增加了几倍，我们也跟着她忙了起来，经常在下班后要急急忙忙开车去学校体育馆或学校附近的河边接她回家。

频繁的篮球和划船比赛，搞得家长们有点顾此失彼，穷于应付。我有时安慰自己说，幸好我只有一个孩子，还能勉强应付。我真的无法想象那些有几个孩子同时参加不同运动项目的家长是如何搞定的！在美国，很多家庭因为孩子多，母亲只好不工作，留在家里全职负担起家务及接送孩子们参加各种课外活动。有的母亲等所有的孩子上了大学后才去工作。

与篮球相比，划船运动更需要强壮的体魄、发达的肌肉和持久的耐力。昕的划船队训练分水上训练和陆上训练两部分。

水上训练时，九个人一条船，一人是舵手，其余的八人是划桨手。舵手坐在船最尾端的位置，面向船头，负责掌舵和发指令来指引船的航向；八名划桨手则坐在舵手前面的位置上，面向船尾，背对船的前进方向。在船下水前，她们先要到河岸边存放船只的船屋里取出船和桨，把它们抬到河边的码头上，然后把船小心翼翼地放进河里，再把船里的座位、挂桨等调整好。划船时，划桨手们因为背对着船前进的方向而无法看到前方的情况，所以他们必须严格地执行舵手领航的指令和节奏，练习各种划船技巧和协调性。

昕和她的队友们准备把赛艇放进河里

陆上训练时，每一个划船队员都必须完成教练规定的体能训练指标，毫无价钱可讲，例如：做俯卧撑N个，仰卧起坐N个，在阻力模拟器上手拉、脚蹬几千米，等等，此类的训练又枯燥又辛苦，大家都觉得陆上训练远没有水上训练好玩。划船队的队员们常常是汗流浃背，筋疲力尽，有时还含着泪水甚至呕吐去完成规定的训练任务。教练为了鼓励队员，常常大声吼道："疼痛是因为脆弱正在离开你们的身体！"正是通过这种"魔鬼式"的训练，不仅让她们练出了一块块结实的肱二头肌、三头肌、背肌、腹肌、腿肌等，更让她们练出了吃苦耐劳的精神和顽强拼搏的意志。这为她们在比赛中取得好成绩打下了牢固的基础。

我个人认为，这种"魔鬼式"的训练给孩子们带来的好处远远超过了学会划船运动本身，它将让孩子们受益终身。然而，对孩子们实施这样的训练只有学校的教练才能做得到，家长是连想都不敢想的。

昕的个子不高，体重较轻，教练安排她参加最轻量级的八人单桨赛艇训练和比赛。从1998年到2001年期间，她们的赛艇多次参加在纽约州和加拿大举行的划船比赛，并在1998年纽约州第二届划船比赛中夺得最轻量级八人赛艇的冠军。

昕在划船比赛中获得的五枚奖牌

划船运动使昕整天乐此不疲和水打交道，但有谁会想到她小时候竟会是“谈水色变”、对水充满了恐惧感的“旱鸭子”呢？不知道什么原因，昕从小就害怕水。每次我试图教她学游泳，她总是哇哇大哭，死活也不肯下游泳池，搞得我毫无办法。

昕十一岁时的那个暑假，我把她带到我们小区的游泳池学游泳。一下泳池，她就显得特别紧张，双手紧紧地搂住我的脖子不放。我让她坐在池边，先看我做一个广东人叫“浮冬瓜”的浮水示范。我在水里憋一口气，然后用双手抱着双腿团身，整个人就在水里浮了起来，只有后背和后脑勺露在水面上。昕一看“浮冬瓜”这么简单，就打消了大部分的顾虑，依样画葫芦去做，马上就浮了起来。接着，我用双手托住她的身体，让她憋一口气，然后把身体、双手和双脚都伸直，俯卧在水面上浮水。当她把动作完成、开始放松的时候，我把托住她身体的双手慢慢挪开，她就自己浮起来了。学会了浮水，其他的就好办了！接下来，我就教她蛙泳的手和腿动作以及如何呼吸、换气，她一下就学会了。学会了游泳，她在水里获得了“自由”，“旱鸭子”变成了“水鸭子”，不再害怕水了。

往后的每一个暑假，她都成为我们小区游泳池里的“常客”，常常在水里一泡就是几个小时。在我的点拨下，她还学会了自由泳和仰泳。纽约州罗切斯特市的夏天气候炎热，骄阳似火。在暑假开始时，只见昕像“浪里白条”一样在泳池的水里翻腾；到暑假结束时，她已经变成了“浪里黑条”了，我都笑话她快变成了一名小黑女孩儿了。

然而，昕和我都无法料到的是，她小学时学会了游泳，竟会是日后她要得到高中校划船队批准她学习划船的必备技能。

昕爱上了划船运动，这项运动给她带来了很多的阳光和快乐。下面是昕在高中时写的一篇题目为《掌舵绕过巨石》的短文：

> 当狂暴的浪花一个接一个地在船舷上撞得粉碎的时候，我们的舵手目光茫然了，她结结巴巴地对我们八个划桨手说：“大家准备好，开、开始划。”我们马上就拼命地、发疯似地划了起来，但因为大家心情慌张和桨法混乱，我们的船还是不听话地随着大自然本身的各种随机力量在运动，而每一个杂乱无章的划桨动作都把我们的船弹向了离我们不远的那个巨大的桥墩。
>
> 在一片恐慌之中，我还目瞪口呆地看到远处有一条我们校队的赛艇乱成了一团。那条船在水中被抛来抛去，就像一枚一分钱的硬币在一部装满了水、快速旋转着的洗衣机里一样。
>
> 不知怎么搞的，作为一个划船新手，我竟然能在第一个赛季生存了下来，接着又划了两年赛艇。我每天在天刚破晓的时分起

床，看着我的队友们为了把体重降到规定的标准而连续几个星期只吃咸面包和芹菜梗子，还有，当然是花了数百个小时的训练来追求完美……

可是，我的左膝已经快顶不住了，不久它就出现了骨折。此时，多睡懒觉，少遭受一些体力“惩罚”，以及在寒冷的下午能保持暖和等诱惑在我的眼前摇来晃去。如果按照“生存者”的直觉和我的理性本能的话，我应该退出划船队。但是，我实在无法抗拒水一直以来对我的巨大吸引力。我又重新爬进了赛艇里，但这次与以前不同的是，我面向前方。

“当舵手其实并不难。”我的教练十分肯定地对我说：“你只要拉着这两条操纵舵的绳子，剩下的所有事情划桨手们都会搞定。”我当时对教练讲的话深信不疑，但几个星期后我才恍然大悟，知道了教练的恶作剧玩笑背后所隐藏的含义。开始时，我并没想到掌舵就像坐在后座来驾驶一艘比旅游大巴还要长一米多的东西，也没有人告诉过我，这个东西会像火箭一样飞快地加速，而它的舵则有一种倾向与水中的漂浮杂物纠缠的坏毛病。我那时也没有意识到这样的一个事实：我之所以能掌好舵，几乎是完全依赖了大自然对我的同情和怜悯。

当我靠近河边时，我可以感觉到大河以它那来势汹汹的白浪在嘲笑我，仿佛在向我挑衅说，在我这儿掌舵，你敢吗?!

这条河是可以制服的。虽然我对它喜欢玩的一些把戏都已经很熟悉了，但是我任何时候都绝不会放松警惕。在水流平缓的日子里，这条河喜欢从河床的底部鼓起每一根吸饱了水的树干和灌木丛，宛如潜伏在水面下的嗜血鱼雷，静静地等候着时机，以便一口咬掉我的船舵尾鳍。在风浪很大的日子里，这条河极少错过它的目标——我的后背，它故意在船的索具上溅起冰冷的浪花打在我的背上。我从来都不会低估这条河流给我制造各种麻烦的能力，例如：在前一秒，我非常清楚地看到船的前方没有任何障碍物，但在后一秒，我会发现在船的前方五米之内突然冒出一个巨大的、发亮的红色浮标。

不管怎样，我从来都没有缺席过每一次训练。每天与河水发生的小冲突改进了我作为一名舵手的技巧，使我练就了一种沉着、镇定的心态。不过，每当我们的赛艇快速地向着一个桥墩直冲过去时，我也许还会变得不够镇定。幸好，这样的情况极少发生。我觉得，河水平静如镜时所带来的我和河水之间的短暂休战，是绝对值得我付出那些微不足道的牺牲的。

我不会被从前甲板上泻流出来的河水或是咆哮着的狂风吓倒。当阴森森的乌云开始在天空中汹涌翻滚的时候，我会抢先一步，赶紧在身上添加一件毛衣。

昕和队友们的赛艇冲向桥墩

20

魔术师，还是工程师？——女儿如是说之五

我一直以来对很多电脑游戏都有些痴迷。玩游戏是一种消磨时间特别有效的方式，而所有这些被消磨的时间都让人充满了欢乐。上小学六年级以前，任天堂是我在众多电脑游戏中玩得最多的一种。这些电脑游戏是多么的好玩，多么的有趣啊！更为重要的是，这些电脑游戏就像纽带一样，把大家都连接起来了。因为每一个人都在玩这些虚幻神奇的游戏，它们在不同性别的人之间搭起了一座桥梁，或者至少是使他们更加互相接近了。

有一阵子，我萌发了要自己制作电脑游戏的想法。我觉得，既然我花了大量的时间谈论、玩和诠释电脑游戏，我完全可以把制作电脑游戏作为我要追求的事业啊，不是吗？当然，那时的我还没有弄懂电脑游戏是怎样制作出来的。如果弄懂了，我的想法也许就不一样了！我意识到，我的这些不同的爱好都明显地遵循着一个同样的模式：一旦我知道了完成某一项工作要花很多的工夫后，我就会把我的野心抛得远远的了。尽管如此，有一些野心仍然留了下来，在相当长的一段时间内，我觉得我已经基本倾向于将来当一名计算机工程师了。

可是，有一天，我在电视里看了杰夫·麦克布莱德的魔术表演，我以前对变魔术的爱好又死灰复燃了。在电视机的屏幕上，杰夫·麦克布莱

德移动着舞步，把他的黑色斗篷往旁边一扔，并神秘地对着镜头一笑，快步地走到他那用黑色天鹅绒布遮盖着的桌子前，从里面拿出一副扑克牌来分成两半做成两把扇子，分别拿在两只手上显示给电视机前的观众看。然后，他再次把两叠半副的扑克牌合成一副，把他的左肩对着观众，同时伸出他的右手，掌心向外，接着挥舞了一下，一把扑克牌扇子就变出来了。杰夫·麦克布莱德刚把这把扑克牌扇子扔在地上，挥了一下手，一把新的扑克牌扇子又出现了。他把手转过来，让大家看到扑克牌扇子的背面和他的手背都是空的，没有藏着任何东西。就这样，第二把扑克牌扇子被扔到了地上，第三把扑克牌扇子又出现了。然后，他每次伸手一抓，就仿佛有一张扑克牌从空中一个无形的口袋里弹进了他的手里一样。杰夫·麦克布莱德在向观众显示了他双手的正、反面都是空无一物的同时，弹出了一串无穷无尽的单张扑克牌来。在表演结束时，扑克牌漫天飞舞，宛如一把把忍者飞镖，飞快地旋转着，砍杀着舞台上厚厚的空气。

我敬佩很多魔术大师，但在魔术这个领域里，杰夫·麦克布莱德是我心目中的英雄。他玩耍扑克牌的套路简直是让我感到震惊，鼓舞了我开始学习魔术手技这门艺术。

我对扑克牌的各种徒手套路和技巧做了很多研究、探讨，经常学习和演练这些套路和技巧，有时甚至站在电视机前练习。这对我来说不是一件容易的事情。在练习时，我的一双小手经常使我感到灰心、泄气。一张大小正常的扑克牌就有我的手掌的80%那么大，所以我很难把牌塞在手心或藏起来。好几次，我为自己有这样一双不方便摆弄牌的小手感到愤怒、生气（怪罪于遗传吧），把整副牌都扔在了地上。在我看来，所有的魔术书都是那些手掌很大，可以把半副牌轻而易举地藏在手心的人写的，我要成功地表演这些手技是毫无希望的。不过，在对我的技巧作了一些调整之后，我终于研究出自己特有的一种方法来做到这些摆弄扑克牌的套路了。

当我看到自己用比那些魔术师们的手掌小一半的手，也能弹出一长串单张的扑克牌来时，我是多么的自豪啊！在那些日子里，我花了很多时间站在浴室的大镜子前练习，想找到一种从任何角度都能弹出扑克牌来的方法。那阵子，这是我花了最多的努力以求做到更完美的一件事情。

在高中暑假期间，我到我家附近的克罗尼购物中心的魔术商场工作，因为我喜欢在观众面前表演近体魔术。我想：如果我能做自己喜欢做的事，又同时可以挣到钱的话，这岂不是一件两全其美的事情吗？在魔术商场工作时，虽然我的大部分时间都是在向顾客演示销售的魔术商品，但这个魔术商场也是一个让我有机会尝试新魔术的好地方。在那里，我认识了彼特·毕博先生，他在纽约州的乔治湖地区到处表演魔术，是一位“旅行式”的魔术师。彼特也对杰夫·麦克布莱德玩扑克牌魔术的套路感兴趣。于是在那几个月里，我和他成了好朋友。我之所以羡慕他，是因为他已经走在了我的前面，做到了我从未做到的事情——成为一位魔术师。

然而，不管我多么喜欢魔术表演以及顾客们对我的表演发出了多大的惊讶声，我那时已意识到：我永远也不会成为一位专业魔术师。这个职业的压力太大了，这是一个我难以达到的目标…… 我总是要为下一项大表演想出办法来，几乎就像那些计算机公司急于要制造出下一代最快的游戏卡，或是美国职业篮球联盟急于要发掘出下一个麦克·乔丹那样。这不是因为我害怕要付出更多的努力，一直以来，我为此爱好已经付出了很多努力了。对我而言，这纯粹是一个我不可能胜任的角色。

哇，是我优柔寡断吗！我唯一剩下的事业就只有计算机了。我已经断定，技术领域的明天会有很多的变数，而其中的计算机领域是如此的广泛，有如此多的未被开垦的处女地以及许多模糊不清的地带，它是一个对发明创造和成功充满了机遇的世界。我对计算机在电影领域的动画和特技效果印象深刻，觉得也许我可以在三维动画方面发展我的事业。我可以成为一个网页设计师，一个计算机编程员，或一个设计机器人的工程师（如果有一个机器人能帮你扫地不好吗）。我越想越觉得我走的是一条正确的路：有无限的选择性以及我对事业所要求的灵活性。谁都说不准，也许有一天我会用计算机给一位有名的魔术师创造特技效果呢！

第四部

挑战世界一流名校

21

美国“高考”——SAT考试

在十一年级下学期，有一全国范围内的考试 ——准SAT （PSAT）。此考试虽然有个“准”字，但其重要程度并不亚于正式的SAT-I考试（美国大学入学考试）。在全美国约一百万考生中，只有考试分数进入前5%的学生才会被授予“荣誉学生”的称号，并获得资格去竞争全国范围内的奖学金的半决赛权。如能继续过关斩将，可进入决赛，以致最后获胜。这样性质的考试，有意无意之中就把全国的应届高中生按成绩排了队。

很多学校，特别是那些名校，都利用准SAT考试的结果来大肆收罗优秀人才，向成绩优异者邮寄本校的宣传材料介绍学校的情况，有的甚至许诺给奖学金，极力吸引他们申请本校。各大学之间的竞争既文明又激烈，为抢到优秀的新生而明争暗斗。

准SAT考试和SAT-I考试都含有两部分：数学和英文。全部是多选题，选对了得分；选错了则扣分，要求在三小时内完成。每部分最低分是200分，满分是800分。十一级学生的功课相当忙，没有太多的时间准备准SAT考试。昕在准SAT考试前2~3周才开始认真准备，考完后自我感觉还可以。

几周后，昕的高中收到全国考试中心寄来的该校学生考试结果：在全校三百多名考生中，有19位的成绩进入了全国的前5%。昕虽然也在其中，但她对自己的成绩并不满意。这19位学生的名字被登在学校的刊物上，校长和老师们都为本校的教育质量而感到自豪，学区的督学还寄来了贺信。很快，许多大学的宣传邮件铺天盖地地飞来，有私立大学的，也有公立大学的，还有陆海空军校的，唯独不见那些所谓的名校，诸如“常春藤联盟”，麻省理工学院，斯坦福大学，加州理工学院等。是否那些名校对这种竞争形式不屑一顾呢？

事实证明，这种说法最多只对了一半。那些名校比较财大气粗，宣传与外交手法自有其高明之处。我们收到了一封由哈佛大学、宾夕法尼亚大学、布朗大学和乔治城大学联合发出给学生和家长的邀请信。这四所大学在我们城市的一家豪华旅馆里租了一个会议大厅，摆上了精美的点心、水果等食物和各种饮料，有选择性地邀请一些家长和学生前来参加学校情况介绍会。

介绍会在晚上七时开始，首先由各校的招生办代表详细介绍该校的学习、生活、运动队、招生政策等情况，学生和家长们边吃、边听、边提问题。介绍完毕，如学生或家长有任何疑问，都可向各校的代表单独咨询。在通往会议大厅走廊的两旁摆着一些桌子，上面整整齐齐地放着各校的精美宣传材料免费供大家选取。我们无从知道这些学校是如何挑选学生来参加这类介绍会的，也许是根据PSAT的成绩吧，因为那些成绩进入了前5%的学生的名字是可以查到的。

高中生们刚考完了准SAT，又得马不停蹄地准备考SAT-I。如果说准SAT考试可以为你提供一个脱颖而出的机会而被好的大学所看中的话，那正式的SAT-I考试则是决定你能进入什么样的大学的一个重要因素。与SAT考试性质等同的还有ACT考试，高中毕业生选考任意一种即可。

到2003年为止，美国的SAT考试已有88年的历史。第一次SAT考试是在1926年举行的。据美国大学董事会的统计，2003年全美共有一百四十万学生参加了SAT-I考试，数学的平均分为519分，是近36年来的最高分；英文的平均分为507分，是近16 年来的最高分；总成绩平均分为1026分，比2002年提高了6分，有897人的总成绩得了1600分的满分。不同的大学有不同的录取分数线，但这些分数线学校从来不公布，也许是为了方便少数特殊学生入学吧！

根据有关的参考资料，下面列出当时一些名校入学新生SAT总成绩的中间水平（50%）分数：

哈佛大学：1400 ~1570

普林斯顿大学：1380~1560

耶鲁大学：1370~1560

麻省理工学院：1420~1560

斯坦福大学：1350~1540

加州理工学院：1470~1580

宾夕法尼亚大学：1330~1500

杜克大学：1320~1510

威廉斯学院：1320~1510

康奈尔大学：1280~1470

加州伯克利大学：1180~1440

在上面列出的大学中，前八所是2003年全美排名最靠前的大学，威廉斯学院则是文科大学本科中排名第一，而其中唯一的一所公立大学加州伯克利大学，其在全美大学的排名和全美公立大学的排名都分别与维吉利亚大学并列为第二十一和第一。

一般而言，美国很多大学都要求申请者有SAT-I的考试成绩。而那些名校，除了要有SAT-I成绩外，还要求至少有三门SAT-II（即单科）的考试成绩。其中必须有数学、写作和任选一门科学，例如：物理、化学、生物等。

昕在初中七年级时由学校推荐考了一次SAT-I，总成绩是1060分，超过了近三十六年来全美历届高中毕业生的最高总平均分。两年以后，她在高中九年级时为了挑战自己，再次考了SAT-I，总成绩是1360分。最后，昕临阵磨枪，在申请大学那年的10月考了SAT-I。在同年的5月、6月、11月和12月，她还分别考了数学、写作、物理和中文四门专科的SAT-II，成绩都不错，为申请那些在全美排名比较靠前的大学做好了前期准备。

22

选专业首先要有饭吃

“我要读什么专业”是每一个高中毕业生申请大学时要认真考虑的一个问题。在申请大学阶段，决定学什么专业是筛选大学过程中一个非常重要的因素，因为你不但要考虑学校的综合排名，更要考虑你要读的那个专业排名，而且专业排名往往比学校排名还重要。你一旦选定了专业，也就意味着你选定了将来的职业。中国有句老话“男怕入错行，女怕嫁错郎”，一个男人如果选错了职业，就像一个女人嫁错了丈夫一样糟糕。由此可见，人们在很久以前就认识到选对职业的重要性。在现代社会里，男女平等，女性和男性一样在职场竞争、拼搏，所以选合适自己的职业对女性也非常重要。

昕从小喜欢计算机，计算机领域的神秘感和广阔的发展前景强烈地吸引着她，她在读初中时就倾向于将来学计算机专业。我那时对她的这一专业倾向并不太在意，总觉得她因为爱打电脑游戏才喜欢上计算机的。也许一年半载以后，她玩腻了计算机，又会爱上别的东西，就像她以前喜欢过当昆虫学家和魔术师，后来又转而喜欢计算机一样，一切都在变化之中。

高中十二年级，昕开始申请大学了，她想听听我在她选择专业方面有什么建议。我提出了两大原则：第一，这个专业要有饭吃；第二，要尽量选自己喜欢的专业。

为什么要选择有饭吃的专业呢？这个道理很简单，人活着就得吃饭穿衣，养家糊口。如果你选的那个专业很难找到工作，使你无法为自己或家人提供基本的生活条件，那么不管那个专业多好，你也得放弃，因为人是不能只靠阳光和空气生活的。

其次，为什么要选自己喜欢的专业呢？因为在大学的几年里，你的大部分时间和精力都用来学习专业知识。大学毕业后，你每天有八小时都是在做与你的专业有关的工作，这占据了你生命中最宝贵的黄金阶段的三分之一。如果学非所爱，做非所爱，那是一件很痛苦的事情。当年我报考大学，第一志愿想学文科。因为我从小就喜欢文科，而且文科的成绩比理科的好。再加上那时的我只上过初中二年级，从未上过化学课，也没有做过化学实验，数学、物理学得很少。虽然后来自学了初、高中的数理化，但毕竟因为没有受到过系统的教育而显得“先天不足”，要在全国统考中脱颖而出有很大的难度。可是，当时我妈妈坚决不同意我学文科，她说：“学好数理化，走遍天下都不怕。”她建议我第一志愿报考我父亲曾经任教的一所全国重点工科大学。那时，父亲刚刚去世不久，妈妈心情不太好，为了让妈妈高兴，我就顺从了她的意愿，第一志愿报考了工科专业，结果一干就是几十年。我深有体会地对昕说：“我这一辈子最痛苦的事情就是：我不但要学自己不大喜欢的专业，而且还要学得好；我每天不但要干自己不大喜欢干的工作，而且还要干得好。我真的不希望你重蹈我的覆辙。”

听了我讲的两大原则后，昕明确表示她的计划是读计算机专业。计算机专业是当今最热门的专业之一。计算机已经渗透到人们生活的每一个角落。可以说，没有计算机，就没有现代化的社会。计算机专业也完全符合我的两大原则，但对女儿来说，这个专业美中不足之处是：它的理论和技术发展迅猛，日新月异，从事这一行业的人必须不断地更新自己的知识和技能，力求跟上计算机技术的发展。如果昕的知识一旦老化、落伍，就有被淘汰的危险。当然，女儿年轻时搞计算机毫无问题，但我担心她将来有了家庭和孩子以后，既要照顾好家庭和孩子，又要花时间和精力去学习、掌握新的专业理论和技术，生活和工作的压力会很大，容易顾此失彼。与其他的行业相比，计算机可以说是年轻人最有优势的领域，因为他们接受和掌握新理论和新技术比中、老年人要快。一个人，特别是女性，如果想从事计算机方面的工作，必须做好长期两头作战，即同时兼顾家庭和事业的心理准备。

不过，只要昕真的热爱计算机专业，并打算把它作为自己一辈子的事业，那么这一专业的美中不足之处是完全可以克服的，因为兴趣和志向是学习和工作最强大的动力。

23

申请美国大学考量什么

做正确的选择，对于大至国家和社会，小至个人和家庭的前途命运都至关重要。在申请大学的过程中，如何根据个人和家庭的具体条件来选择适合自己的学校非常关键。学校的名气、校风、教育质量、生活质量、地理位置、环境安全、学生费用、交通便利等因素都在考量之列。

昕在选择学校时有几个重要的条件，按其重要性依次排列为：一是校园生活质量要高（有专门给各学校的校园生活质量评分的书）；二是学校不能太大；三是校园不在大城市市区内。听了她的条件，我心都凉了。作为家长，我的排列则是：一是环境安全；二是学费便宜；三是学校名气。为什么两种排列迥然不同呢？这是因为我们这一代人比较崇尚艰苦朴素、勤俭节约，而女儿他们那一代人比较讲究享受，这就是代沟。我问昕为什么把校园的生活质量排在第一位，她理直气壮地说：“当然啦，因为我要在那里学习和生活四年啊！”看来，她也未必全无道理。这样，昕按照自己的调查研究和条件，选了七所大学，全都是名牌私立大学。看了她申请学校的清单，我为她捏了一把汗，顾不得再跟她理论名牌私立大学的昂贵费用了，马上提醒她说，只申请几间名校的做法比较冒险，万一名落孙山就无从补救，只好等明年了。

一般的安全做法是申请几种不同档次的学校，最起码也得有一所“安全”学校保底，以保证有学可上。可昕对我的担心不以为然，说那七所名校中排名最靠后的一所就是她的“安全”学校。如果今年申请全军覆没，她就明年卷土重来。天啊，她的那所所谓“安全”学校在全美大学中也是排在前十几名以内，是八所“常春藤联盟”的名校之一啊！知女莫如父！话已至此，我纵有千条万条理由也只能打住了，唯有默默地为她祝福，希望她能如愿以偿。

我们有个朋友的女儿江陵比昕高两届，高中毕业时被多所名校录取。在最后选择上麻省理工学院或达特茅斯学院时，她选取了后者。昕在与江陵讨论、交换过看法以后，也表示自己的第一选择是达特茅斯学院。我当时问昕是否也应考虑申请麻省理工学院，但她以其校园在大城市市区内，且校园生活质量评分不高为理由而断然拒绝了。可我总觉得，既然她对计算机有兴趣并有志于此专业，而麻省理工学院的计算机系又是全美排名第一，她应该去试一试。我也非常清楚地知道，在她的高中毕业班的三百多名同学当中，昕的总成绩也排不上前三名，要想进麻省理工学院计算机系并没有很大的把握。我把这一顾虑跟她谈了，并鼓励她去试一试，不行也无所谓。可她反倒觉得我对她没信心。我无法说服她，只好作罢，决定不再唠叨她了，反正“成也萧何，败也萧何”，让她选择自己要走的路吧。这毕竟是她的人生，她的事业，她的生活。

面对美国名牌大学的昂贵学费，是否让子女上名牌大学是许多家长，特别是华人家长必须认真考虑的问题。

受传统中国文化影响，只要经济状况许可，大多数华人家长考虑到名牌的社会效应带来的种种好处，都会鼓励子女选读名牌大学。但有些家长认为，事在人为，不一定要读名校才有好的出路，况且读名校费用太高，四年本科下来，仅学费一项即达十万美元以上。如让子女上较好的公立大学，若他们在高中的成绩优异，要得到全免学费的奖学金并非难事。十万美元，对于任何一个中产阶级家庭来说都不是小数。很多当年以留学生或访问学者身份赴美的家长们，至今参加工作的年限不算长，养老、退休金仍无着落，若现在能省下子女学费的这笔巨款用作将来退休养老，对家长们确实有很大的诱惑力。这一代家长吃苦耐劳，为子女们作出的牺牲已经够多的了。他们的下一代，从小在美国长大，没有语言文化障碍，融入主流社会大都不成问题。对他们而言，不读名校也应能过得比他们的父母好。再者，他们一般二十多岁开始工作，到年老时退休养老绝无问题。我基本同意这种意见，所以建议昕找一所较好的公立大学读本科，毕业后再找一所名校读研究生。因为在公立大学读本科的学费比较便宜，在名校读研究生一般都有奖学金或资助，这样四年下来可为家里省下一大笔费用。当然，如果她不准备读研究生，那上名校读本科也是无可非议的。我的这种功利主义式的“曲线救国”办法，单纯的昕基本听不进去，也很难理解。无可奈何之中，我也不与她分辩谁是谁非了，唯有希望她在作最后决定时会重新考虑一下我的意见。

我也和一些朋友讨论过这个问题。有位家长认为，子女上名牌大学会对他们将来找到好的工作有帮助，更重要的是名牌大学能为他们提供一个高质量的社交环境，有一些素质高的同学尤为难得。正所谓“近朱者赤，近墨者黑”，四年下来，耳濡目染，潜移默化，子女在学习、做人、办事等方面定能受益匪浅。他还以自己在中国上名牌大学时的体会为例子，说他从昔日的同窗那里学到了很多东西，一朝得益，终身受用。

“三人行必有我师”，让女儿能学到更多做人的道理对我最具说服力。

有的家长还谈到了美国虽然是个法制国家，但是人脉和关系网仍然十分重要。很多有关如何选择学校的书都直截了当地指出，上名牌大学的优越性之一就是建立个人的人际关系网。一般来说，名牌大学的学生在社会上成功进入职场和获得成就的机会比较大，由他们所组成的关系网比较有权有势。例如：美国很多政治家、著名企业家都毕业于名牌大学。通用公司的现任总裁毕业于达特茅斯学院；HP公司的女总裁毕业于麻省理工学院工商管理学院；等等。

在这个高度商业化的社会里，“物以稀为贵”永远是正确的。每所名校每年只招新生一两千人。排名最前的十几所名校每年的招生总数也就近两万人，而美国通常有二百多万高中毕业生，要入名校真的是百里挑一啊。尽管这些名牌大学的学费贵得惊人，但许多家长还是想尽一切办法让孩子挤进去。美国的一家报纸登载了这样一道消息，有一个家庭为了让女儿能进名牌大学，不惜花了三万多美元，重金请纽约市的一家专业咨询公司为女儿制订申请名牌大学的详细计划。市场有这样的需求，一大堆诸如此类的专业咨询公司也就应运而生，生意兴隆。

总之，是否愿意让子女上名牌大学，华人家长们是仁者见仁，智者见智，众说纷纭，各不相同，但是最后还是殊途同归，以子女的意愿取得最后的胜利而告终。我的好朋友的孩子，和昕年龄相近，在同一所中学就读，到同一个夏令营过暑假。其中有几个孩子放弃了较好的公立大学给予的学费全免奖学金而选择了上名牌大学。

24

名校的360度考察

填写大学申请表和写作文，是申请大学的一个重要环节。各大学的申请表不尽相同，具体要求也不一样。以麻省理工学院为例，昕当年要填写的入学申请表有十八页之多，其中包括个人及家庭情况（两页），各种考试、活动及作文（四页），数学或科学学科老师的推荐信（两页），人类学、社会学或语言学学科老师的推荐信（两页），高中四年成绩（两页，由高中校长或训导员填写并直接邮寄给学校招生办），申请者的高中成绩自我报告：从九年级开始（三页），财政资助申请表（三页）。下面是2001年麻省理工学院新生申请表中一些有趣的填写项目：

1. 父母的职业和雇主，是否高中毕业、大学毕业，获得过什么学位及其日期。

2. 是否有家庭成员在麻省理工学院工作。若有的话，请填上该家庭成员的名字、与申请者的关系及其在麻省理工学院的职位。

3. 列出你的暑假活动，包括野营、旅行、暑期课、志愿者工作、研究等。

4. 列出你所做过的工作，包括暑期工。

5. 通过审阅你的申请材料，我们想更多地了解你。根据我们的经验，麻省理工学院的学生不能只是一维的，他们在学业和非学业方面都应该有丰富的经历。

请用下面的两个问题来让我们了解你是一个怎样的人和你的兴趣是什么：

A. 请用不多于一百字来描述你到目前为止在数学、科学、技术或科研上最重要的经历或成就。

提示：我们不想知道你的考试分数或学科成绩，而是想知道你的创造力、愿意承担风险的能力或对学术专业的热爱。

B. 请用不多于一百字来描述你最重要的非学业方面的活动以及为什么它对你这么重要。

6. 在要求分别由高中的数学/科学老师和人类学/社会学/语言学老师所填写的两封推荐信中，有如下的几个要求：

A. 描述申请者在思维和学业方面的素质。请评价该生的思维主动性、掌握困难概念的能力、愿意承担风险的能力，以及超越正常课室范畴的经历。请提供例子。该生是如何在你的班上得到好成绩的？请勾选下列适用的说法（可多选）：

①用一贯的努力；②为分数；③以抽象记忆力；④以聪明的脑袋；⑤其他。

B. 分别描述申请者和教师及同学之间的互动能力。请评价该生的性格及社交能力。

C. 申请者是否具有任何特殊的能力、天分或领导才能？你对该生最深刻的印象是什么？

D. 申请者是否经历过失望或失败？如果是的话，面对挫折他是如何反应的？你如何评价他的恢复能力？

E. 其他评价？如你觉得我们应该知道申请者的一些特殊情况（个人的或学业的），请告之。

F. 与你校其他正在计划申请大学的学生相比较，你会把申请者的学业成就、个人素质及课外活动成就这三方面分别放在下列的哪一个等级？

①低于中等；②中等；③好（高于中等）；④优秀（前10%）；⑤杰出（前5%）；⑥我所遇到的极少有的尖子。

并就你向麻省理工学院推荐申请者的力度勾选下列各项：

①有保留地推荐；②可以大力地推荐；③大力地推荐；④充满激情地推荐。

申请表上还列出了两道作文题目供申请者选择，要求在五百字以内，选写题目A或B：

A. 告诉我们有关你必须为之辩护的某个看法或在你的生活中使你和大家的意见相冲突的一件事，并解释此事如何影响你的价值观。

B. 拟造一个与你个人有关的问题，并清楚地叙述和回答（可以自由地发挥你的想象力，而那些读你文章的人并不会介意其娱乐性）。

人们都说，写好学校要求的作文对成功申请大学起着关键的作用。学校招生委员会会根据申请者的作文来判断其是否是该校的合适人选，所以不同的学校给出的作文题目也不一样。下面是2001年一些大学的作文题：

斯坦福大学：

A. 选一张与你的一些重要事情有关的小照片（3.5×5 英寸或小些），解释其意义所在。

B. 假如你可以过一段和任意的一个人物（幻想中的或非幻想中的）

同样的生活的话，你会选谁？这个选择反映了你是怎样的一个人？

杜克大学：

A. 我们知道所有好的作家在把文章送出之前都会先寻找反馈、忠告或编辑。当你写申请表所要求的作文时，你向谁寻求意见和帮助？他或她是否帮忙？他或她向你提供了什么样的帮助？

B. 从最近一两年你在学校或家里所读过的书中，选取其中一本并讨论该书用什么方式改变了你对这个世界、对其他人或对你自己的理解。

威廉斯学院：

评估你过去的一次有意义的经历、一项成就或一次风险及其对你的影响。

无须再罗列申请表上的其他内容也会让人感到，要弄好这份申请表实在不容易。申请表中不但要有各种事实，如：申请者的家庭情况，由高中直接寄出的个人成绩单，由考试中心直接邮寄的个人各科SAT成绩，个人参加校内外活动的情况，申请者对自己在学业表现的自我评价，还要有两封老师的推荐信，一封同学推荐信等。凡此种种，都是为了让学校的招生人员能够对申请者进行所谓三百六十度的考查分析。若有相互矛盾的事实或看法，就会立刻引起招生人员的注意。

虽然昕只申请了七所大学，但仅作文一项就有很大的工作量。令人难以置信的是，一位与昕同班的华人女孩竟申请了十五所大学。

令人始料未及的是，在十分注重保护个人隐私权的美国，此申请表所要求填写的一些信息也深深地涉及一些敏感的个人隐私。例如：父母的学历/学位、婚姻状况、兄弟姐妹所就读的大学及毕业时间等。在我看来，要求申请者提供这些与申请入大学并不太相干的情况也许是不合理的。

从申请表需提供的材料，我们可以看到麻省理工学院等名校选择新生的一些标准和方法。相比之下，中国的大学，包括名牌大学在内，遴选学生的办法就简单许多，基本上以高考的成绩来决定。也许有人会问，麻省理工学院这样做有什么道理？我想，解铃还待系铃人，我们先看看麻省理工学院申请表中对高中老师推荐信所提的要求：

请推荐者注意：

麻省理工学院大学本科教育所要造就的在智力方面、个人方面以及社交方面的成长，都很大程度上取决于学生个人的主观能动性、原动力、律己能力和与他人相处的能力。我们的招生过程具有非常强的选择性。因为大多数申请我校的人，都显示了从优秀到超级的学业准备，而每年具有天资和能力的年轻人的人数都超出了本学院的容量。在选择新生的过程中，我们要考虑的是有主观的多样性以及更多吸引力的个人因素。所以，当我们把每一位申请者既作为个人，更作为学生来评价时，你对该候选人的性格、创造性、想象力、责任感以及总体的社会调节能力的直率评估，对招生委员会是极具价值的。

在上面的“请推荐者注意”中，校方非常清楚地阐明了它所招的新生应具备什么样的素质及其中的道理。读了这一段话，我深受启发。我不禁自问，作为父母，我们培养教育孩子的方向和要求与学校的一致吗？如一致，怎样去达到目的？若不一致，是否需要修正、调整？我以为，如何回答这个问题只能是“因孩而异”，绝无一个人人都适用的答案。俗话说，“一种米养千种人”，因势利导，顺其自然，切不可勉强而为之，否则会弄巧成拙。有的父母望子成龙或望女成凤心切，为了让子女能进名校，除了抓紧子女的学习外，还对照那些名校的要求对子女进行“包装”。如果过于牵强附会，则会在前面所提到的“三百六十度”考查分析下露出破绽而无法自圆其说，对子女申请入读名校反而帮了倒忙。

25

AP考试和面谈

美国很多高中都开一些大学一年级的课程（英文为：Advanced Placement Courses，或简称为AP课程，其考试则称为AP考试）供高年级学生选修，主要课程有数学、统计学、经济、计算机、英语、外语、物理、美国历史等。每年的AP考试由一家私营的考试中心（ETS）全盘负责。AP考试的成绩为五分制，三分是及格，五分是满分。美国的大学都承认AP考试。若学生能通过某门AP考试，则该门课程一般可以作为大学的学分。但有的大学，特别是一些名牌大学，则要求较高。例如：麻省理工学院规定AP考试成绩满分的课程才能转为该校大学本科的学分。

虽然没有一所大学把AP考试成绩作为申请入学的硬性规定条件，但考生是否有AP考试成绩以及有多少科AP考试成绩对于申请名牌大学却非常重要。选修AP课程并在考试中取得好成绩，不仅能让学校看到考生学习优秀及对高中学业的超前程度，更重要的是能让学校看到考生的那种不满足现状、愿意挑战自己的主观能动性。所有的名牌大学在挑选新生时都非常强调这方面的素质，认为这样的学生才具有更大的潜力，才是可造就之材，将来才能成为社会政治、科技和文化的栋梁。

与SAT考试相仿，AP考试可以参加任意多次，而考试成绩报告也是由考试中心直接寄给考生指定的大学的。在该报告中，考生自高中以来所有的AP考试成绩不论好坏都一一列出。这样，学校能更全面地了解考生的真正实力。再者，从入学申请表里学校还能知道申请人在高中十二年级所修的课程中有多少门AP课程。

因为申请大学的所有手续必须在高中十二年级的第一个学期结束前完成，而AP课程则是在完成高中十二年级学习基础上的课程。这就意味着在没完成高中十二年级的课程之前，每个想入读名校的申请人都必须力争修尽可能多的AP课程，并在考试中取得好成绩。

为了增加自己被名校录取的可能性，每个人都必须充分抓住每一个的机会来显示个人的竞争力。由于昕在六年级时跳了两级修数学课，初中转学后跳了两级修法语课，所以她分别在高中九年级时考了AP法语和在高中十一年级时考了AP数学和AP英语。在高中十二年级结束时，她考了AP统计学、AP经济、AP计算机和AP物理。我所认识的许多华人朋友的孩子，在高中十二年级第一学期结束前都考了五门以上的AP课程。

为了确保新生质量，美国的名牌大学除了从上述各个不同的角度来考查申请者外，还把面谈作为“三百六十度”考查分析中的一个角度。其办法是由学校指定的代表与申请者联系，约定时间进行面谈。面谈结束后，学校代表把面试结果写成书面报告寄回学校招生办。学校代表是由该校在申请者居住地的附近地区工作或居住的校友来担任的。

与昕面谈的麻省理工学院代表住在我们家附近，他俩通过电话约好了某天下午四点在学校代表的家里见面，面谈时间约二十分钟。

那天下午，昕依约按时前往，我则好奇地等在家里，希望她回来后告知面谈的内容。到了四点三十分昕该回来的时间，还不见她回来。我想，也许是多谈了几句，延长十分八分钟也是正常的。可是，左等右等，五点三十分过去了，六点三十分又过去了，还不见昕的影子，也没有来电话。

我有点着急了，后悔没让昕留下那位学校代表的家庭地址和电话号码。

我们家所在的住宅区治安一向很好，昕不应该有什么危险。当时天已快完全黑下来了，为了使自己安心些，我穿上了大衣就往外走，希望能在附近的路上碰到昕。即使见不到她，但如果看不到附近有什么事发生，我就会觉得她是安全的。

我刚走出家门，就看到了昕。我直埋怨她不打电话回家，让我们着急了半天。她听了一边笑一边道歉，并说："那位学校代表的厅里有一座古老的钟，在面试的过程中，为了掌握好时间，我时不时看那座钟。可是，我并不知道到那座钟是不准的，而且走得很慢，自己也觉得奇怪：已经聊了那么多，时间怎么还过得那么慢？！幸好，我们总是可以找到新话题继续聊起来。"这位学校代表多年前从麻省理工学院毕业，现在已退休了。我问昕面谈进行得如何，她说非常好，大家都无拘无束，像聊天一样。他们谈到了昕的学习、运动、兴趣、长处和短处等。

最后，那位学校代表对昕说："如果你被麻省理工学院录取，希望能打个电话给我。"

26

参观大学校园

在美国，大多数有高中应届毕业生的家庭把参观访问大学校园一事看得很重，许多家庭都会提前做好参观校园的详细计划。很多大学也在它们的网站上提供了校方安排参观校园的时间、地点和内容，任何人都可以在规定的时间到指定的地点集中，由校方派来的向导带领他们参观校园。校方的向导以在校的学生志愿者和校招生办的工作人员为主。

那时，我对参观校园的重要性不以为然，觉得学校的绝大部分信息、资料均可在网上或图书馆里查得到，何必劳民伤财，多此一举呢？于是，我决定只到离我们住处较近的几所大学，走马观花式地参观参观，增加点感性认识。

利用暑假的一个周末，我们驱车来回500公里，参观了昕的首选大学——达特茅斯学院。达特茅斯学院坐落在新罕什尔州的一个名叫汉欧沃的小镇，一条小河静静地从校园的旁边流过。校园里的建筑古色古香，四处绿树成荫，田园式的秀丽风光令人心旷神怡。

当我们到达指定的集合地点时，已大约有从不同地方来的三十位家长和学生在那里等候了。随后，学校招生办的人员把大家集中起来，介绍了学校的概况后，然后把我们分成两组，由两位在校学生带领我们参观教室大楼、实验室、学生宿舍和学校餐厅等。我们组的那位女向导边走边讲解，彬彬有礼地回答参观者提出的各种问题，给我留下了很好的印象。

在参观学校计算机中心的过程中，昕得知该校的计算机用的是苹果公司的操纵系统，马上就嘀咕起来，对该校的兴致顿时大减。听到昕的不满，我心里暗暗高兴，因为达特茅斯学院的专业优势在人文学科，而昕想学的是计算机工程属于工科，所以我觉得该校对昕不太合适。参观了达特茅斯学院后，昕对首选达特茅斯学院的热情一落千丈，今非昔比了，她申请大学的首选和重点开始有所转移。

麻省理工学院坐落在马萨诸塞州的波士顿市内，与我们所在的城市相距三百多公里，开车单程需要三小时左右。当时昕不喜欢那些校园在大城市市区内的学校，好像对申请麻省理工学院兴趣不大。不过，因为它离我们家算比较近，又是以工科著名的院校，我们还是决定在周末前往参观。从网页上，我们查到了与麻省理工学院同在美国东北部的哈佛大学和布朗大学也有周末参观校园的安排，时间互不冲突，于是决定一并参观。

在一个星期天的上午八点整，我们驱车从三百多公里外的纽约州首府奥本尼市按时赶到了位于马萨诸塞州波士顿市的哈佛大学，与一大群参观者一起集中在哈佛大学的创建者哈佛先生的铜像旁，等待着参观哈佛校园。

我们的向导是两位热情的哈佛女学生。很快，历时一小时左右的参观就结束了，当向导把我们领回了哈佛先生的铜像旁时，下一批参观者已经在那里等候了。昕已决定学工科，也没有打算申请哈佛，为了不误当天上午十点参观麻省理工学院校园的安排，我们又马不停蹄地赶往麻省理工学院。

麻省理工学院与哈佛大学是近邻，步行只需十五分钟。当我们走进麻省理工学院行政大楼的大厅时，已有相当多的人在那儿等候了。不一会儿，负责接待我们这批参观者的两位学生来了，他俩把参观者分成两组，每人各带一组分头参观。

我们所在那组的向导是一名叫莉莎的女孩，她来自纽约州，正在读大二，她大学本科选的是物理和数学双专业。莉莎带着我们参观了主要的教学楼、课室、实验室、图书馆、计算机中心和学生活动中心。可以看出，她非常热爱自己的学校，对自己的学校充满了自豪感。她聪明大方，热情诚恳，不仅详细地向大家介绍每一个参观点的情况，还有问必答，给我们留下了很好的印象。

在参观期间，校招生办的工作人员还特地把我们集中在一间宽敞明亮的阶梯课室，向大家介绍麻省理工学院的情况及整个招生程序，并回答大家提出的各种问题。令我印象最为深刻的是，当有人询问麻省理工学院的SAT考试录取线是多少分时，那位校招生办工作人员回答说，麻省理工学院并没有划下SAT考试的录取分数线，该校要招的是那些全面发展，有想象力和创造力，努力挑战自己和环境的人。她还强调说，书呆子不适合麻省理工学院，每年都有许多SAT考试满分的申请者被该校拒之门外…… 她的这番话犹如一道闪电划破茫茫的夜空，使我的眼前猛然一亮，看到了希望。真不愧是麻省理工学院，他们的选材标准没有让我失望！我高兴地走出阶梯课室，一边继续参观，一边对昕说："我原来以为这所学校对考试成绩要求很高，觉得你入麻省理工学院的可能性不大，但校招生办工作人员刚才讲的那一番话，让我觉得你有70%的希望。" 昕马上用非常诧异的眼光看着我，对我这几乎是一百八十度的大转弯感到大惑不解。她说："你以前不是对我没信心吗？现在怎么又突然这么看好我啊？！我可没觉得我会有你所说的那么大的希望。"她大概是在打安全牌，以防我出现"有多大期望，就会有多大失望"的尴尬局面吧。无须继续分辩，我相信我的直觉是准确的。

在参观达特茅斯学院和哈佛大学时，我是抱着例行公事的态度的。虽说这两所名校让我开了眼界，但我也只是来去匆匆、走马观花，而没有下马仔细看花，甚至没有很大的热情去了解那些我所关心的问题，更没有听到或看到任何令我振奋的东西。但来到麻省理工学院后，我感到这所大学充满了活力，我非常欣赏这所大学的教育理念和挑选新生的考量标准，觉得这才是昕应该来的学校！随着心境的转变，我对下面安排的参观活动兴趣盎然。

麻省理工学院虽然在波士顿市区内，但校园内的各种建筑群显得集中而整齐。校园坐落在宽阔美丽的查尔斯河北岸，到处绿树婆娑，草坪如茵，鸟语花香，各式各样的建筑栉比鳞次。看到查尔斯河，昕兴奋不已。原来她已经对查尔斯河很熟悉了：这条河是她高中划船队秋天赛季最精彩、竞争最激烈的比赛场地。我们的情绪也受到了昕的感染，当我们沿着河边漫步，看到湛蓝湛蓝的天空，河面上的点点白帆，河对岸若隐若现的哈佛大学和波士顿闹市区一座座高耸入云的高楼大厦时，都不禁地赞叹了起来。

麻省理工学院的行政办公大楼——著名的“大圆顶”

从麻省理工校园旁边流过的查尔斯河

麻省理工学院的一切都给昕留下了非常好的印象，她对市区校园的偏见也荡然无存了。凭着当父亲的敏感，我已觉察到女儿心里那衡量学校的天平正在往另一方向倾斜。有谁会料到，一个看起来微不足道的因素，诸如流过校园旁的一条河，学校计算机中心里的计算机牌子等，也会有足够的分量来打破那天平的平衡呢？

参观校园还未结束，昕已表示她会申请麻省理工学院，而达特茅斯学院也许不再是她的首选目标了。我虽然为女儿的想法与我的想法渐趋一致而暗暗地感到高兴，但表面上却不敢表露出来，省得一个不小心，又刺激了她的青春期反叛心理而节外生枝。

参观完麻省理工学院，我们又立刻驱车赶往一百余公里外位于罗德岛泼沃登斯市的布朗大学，参加当天下午三点的校园参观活动。布朗大学也是属于市区校园类型的学校，不在昕的申请学校清单上。

布朗大学的校园很有特色，其大部分校舍的墙都是清一色的枣红色，整齐干净，显得安静端庄。校园四周有围墙，犹如一座城中之城，给人一种安全感。校园外的情景却与校园内截然不同，我们看到的是一个陈旧、衰退、凌乱的社区，日久失修的马路和建筑物，令人感到压抑和不舒畅。我当即建议昕最好不要申请该校，她也表示同意。

我们一天之内驱车七百多公里，参观了三个校园，得到了很多第一手的信息，这对昕最后敲定要申请的学校有很大帮助。通过亲身体验，使我认识到参观校园的确重要。网上、书上和图书馆里有关学校的资料、数据都是“死的”，只有到大学去参观，你才能亲身体会到真实的校园生活，或许你还会得到很多意外的惊喜和收获呢！

利用周末两天时间，我们共参观了四所大学，其中只有一所在昕的申请清单上。申请清单上的其余六所大学，有三所虽然在一天可以来回的车程以内，但我们决定不去参观了。另外剩下的三所学校都离我们家很远，要乘飞机才行，我们计划如果昕被录取再决定是否前往参观。

27

收到麻省理工学院的录取信

在昕高中毕业的那年，各所大学在人们称为“决定性的4月”开始寄出招生决定信给考生。决定信通常分为三种：①录取；②不录取；③候补录取。每当家长和孩子从信箱里取出邮件时，心情都会格外的紧张、激动，希望收到的都是录取通知书。

号称“常春藤联盟”的八大名校——哈佛大学、普林斯顿大学、耶鲁大学、宾夕法尼亚大学、布朗大学、达特茅斯学院、康奈尔大学和哥伦比亚大学，为以示公平竞争，都严格规定在4月份才能寄出招生决定信（提前申请者除外）。但在3月中旬，昕就收到了康奈尔大学工学院招生委员会的一封信，信中说：“我们招生委员会的全体委员都非常高兴地审阅了你的申请材料……按照常规，我们应在4月才能给你寄出录取通知书，但我们十分希望你能在做决定时考虑我校……”信中还详细地介绍了康奈尔大学的情况，同时还邀请昕到学校参观。从形式上和技术上来看，这绝不是一封正式的录取信，况且信中也没附有任何新生报到及财政补助等材料，故毫无违反规定之嫌，但其表达的意思却十分明显。昕对此信的反应平淡，因为在她所申请的七所大学中，该校并非排在她志愿的前几位。

2001年4月1日中午，我在我家的信箱里发现了一大包麻省理工学院寄给昕的邮件。我马上断定这是录取通知书及其材料，因为不录取或候补录取通知都只是一纸薄信而已。我几次想打开来看看，但又马上想到这是昕的邮件，我应尊重她的隐私权。为了抵制打开邮件的诱惑，我匆匆吃过午餐就马上赶回公司上班了。

傍晚回到家，我发现那包邮件还是原封不动、静静地躺在厨房的大台面上。过了一会儿，昕终于从学校回来了，她打开那包邮件，原来真的是麻省理工学院的录取通知书及有关材料。终于如愿以偿，她高兴地笑了！当昕知道我一直极力控制住自己，不提前拆开那个邮件时，高兴地说："谢谢你没有那样做，否则我会责怪你的。"

录取信是麻省理工学院招生办主任玛莉里·琼斯女士签署的，全文如下：

亲爱的昕：

我高兴地代表招生办的全体工作人员录取你为麻省理工学院的新生。

在今年众多极不寻常的申请者中，你被招生委员会划分为最有天资和前途学生中的一员。我们之所以特别地选择了你，不仅因为你的学业优秀，还因为你的个人主动性及方式。我们深信我们彼此之间是十分般配的。

我们估计到你将会收到许多好学校的录取通知，但我们希望你会选择来麻省理工学院就读。为了帮助你作出这一决定，我们希望你能作为我们的客人来参加周末的校园一览活动。此活动是特别为全体被录取的新生安排的，时间是从4月5日（星期四）到4月8日（星期天），地点是麻省理工学院。详情请看所附的邀请书。在这次活动中，你将会见到麻省理工学院的学生、教职员工、校友以及你将来的同级同学。你还可以参加各种不同的课和特殊的科研报告，尝试这里的饭菜和生活。总之，你将会亲身经历到的就是真正的麻省理工学院——你可以看看是否适合你。这一活动会很有趣，所以请你做好来的计划（家长们也已被邀请了）。

如你因故不能在上述的周末来这里，我们仍然恳请你在5月1日前来访，并住一晚。麻省理工学院的学生相信，访问校园是他们作选择时一个决定性的因素。只要你提前一周打电话（617-258-5515）给招生办，从星期天到星期四的任意一天，我们都可以安排你与一位本科生东道主住一晚（除3月26-30日的学校春假外）。如果你无法安排来校，但希望与一位学生谈谈的话，几周后就会有一位麻省理工学院的本科生打电话给你。最后，请别忘了去看我们那特别的新生网站。

若有任何事要办，请和招生办联系，并切记在5月1日前寄回所附的入学回复表。我希望你对被录取之事与我们感到同样的兴奋，你应放一个晚上的假来庆祝。（作为一个母亲，我同时也希望你明天马上回到工作中去，以最优异的成绩来完成今年的学业，因为麻省理工学院是不接收懒惰学生的。这一录取是有条件的，那就是取决于你能否成功地完成这一学年）。我希望你会同意我们的说法：要把你培养成为这个世界未来急需的人才，麻省理工学院是最理想的地方。

祝贺你并希望在校园里见到你！

你诚恳的，

玛莉里·琼斯

招生办主任

在那包录取材料里面，还有一封来自麻省理工学院校长的信，内容新鲜有趣，我实在不忍一带而过，特把一部分信文选登如下：

查理斯·M·万斯特 校长

3-208 室

77 马萨诸塞 大道

剑桥市，马萨诸塞州 02139-4307

电话：617-253-0148

2001年3月16日

亲爱的2005级学生候选人：

请接受我对你被麻省理工学院录取的衷心祝贺。通过你的学业和个人成就，你显示了自己具有将要融进的那个严峻的学习环境所需要的聪明、律己能力以及能量。可是，仅仅有优秀的学业，并不能保证被麻省理工学院录取。你同时也显示了你的创造性、想象力、勇气、热情以及对于发现和解决问题的使命感。不论你到哪儿上大学，你都具有从事不平凡的教学和事业的能力。

我希望你认真考虑我们（学校），真的，我希望你已经作出了你要成为麻省理工社区里的一员的决定。但是，如果你还不能肯定麻省理工学院对你是否合适的话，那我想让你来看看麻省理工学院与其他竞争者的不同之处……

最好的祝愿和诚挚的祝贺，

你诚恳的，

查理斯·M·万斯特

CHARLES M. VEST, PRESIDENT

ROOM 3-208
77 MASSACHUSETTS AVENUE
CAMBRIDGE, MASSACHUSETTS 02139-4307
617-253-0148

March 16, 2001

Dear Prospective Member of the Class of 2005:

Please accept my heartfelt congratulations on your admission to MIT. Through your academic and personal achievements, you have demonstrated that you possess the intelligence, discipline, and energy that you will need to flourish in a rigorous academic environment. Academic excellence alone, however, does not assure admission to MIT. You have also demonstrated creativity, imagination, courage, passion, and a commitment to discovery and problem solving. Wherever you go to college, you have the potential for an extraordinary academic and professional career.

I hope that you are giving us serious consideration and, indeed, hope that you have already decided to become part of the MIT community. If, however, you are still wondering whether MIT is the right place for you, then I ask you to consider how MIT differs from its academic competitors:

- The beauty, excitement, and discipline of science and engineering permeate our academic life. In a lively and creative environment, MIT offers outstanding programs in the arts, humanities, and social sciences.

- Interdisciplinary study and research are hallmarks of education at MIT. Some of the best and most important work we do is at the intersection of multiple disciplines. MIT students have the opportunity to explore a range of fields and to take their interdisciplinary interests as far as they can.

- Your career starts the day you enroll. We know from long experience that our students can make genuine contributions to the education and research at MIT. From the moment you arrive, you will have the chance to do just that.

- You will be hard-pressed to find another college or university that offers more extensive opportunities to grow and develop and to enjoy yourself beyond the classroom and laboratory. MIT fields more varsity sports teams than almost any other U.S. college. We have over 300 officially recognized student activity groups covering a full range of social, cultural, artistic, recreational, political, and religious activities. Life is not a spectator sport at MIT.

While MIT is proud of its traditions and its past achievements, we, like you, are more interested in the future — in what comes *next*. Our global community is increasingly shaped and driven by developments in science and technology, and we are determined to provide the leaders and innovators who can harness the benefits of science to the needs and hopes of that larger community. We ask you to join us in that effort and to realize your own potential to be a leader.

With best wishes and sincere congratulations,

Sincerely yours,

Chuck Vest

Charles M. Vest

麻省理工学院校长的来信（全文原件照片）

为了争取已被录取的新生能选取本校，麻省理工学院的校长也亲自出马动员。各大学，特别是名校，都非常清楚地知道，在这个竞争激烈的环境中，好的生源是保证学校排名靠前的最重要因素之一。

麻省理工学院是美国及全世界顶尖的理工科大学，尤其在工程科学方面，当时已连续14年全美排名第一。昕想选读的专业，又正是该校当年在全世界排名第一的计算机科学。昕能被麻省理工学院录取，我们为她感到高兴！

28

大学费用和经济资助

美国的私立大学普遍费用昂贵，一般收入的家庭很难负担得起全部费用。所幸的是很多私立大学都以助学金的形式为其学生提供经济资助，加上联邦政府为低收入家庭提供低息贷款，使那些家庭收入不高的学生被这些私立大学录取后不会因经济困难而不能就读。

在申请学校时，申请者若想得到学校和联邦政府的经济资助，必须填写学校的经济资助申请表。除此之外，还得填写美国大学董事会及联邦政府的经济资助申请表，并按时寄给学校。

在这些经济资助申请表中，申请者必须提供过去一年里家庭的一切收入，所有银行户口的存款额、房地产价值、股票、人口、车辆等信息，并且要付上申请者父母及本人去年的联邦政府报税表。一言以蔽之，就是你若想得到经济资助，你和你父母的经济情况对学校和联邦政府必须是100%透明的。学校和联邦政府则按照各自的公式来计算给申请人的助学金和贷款。特别是那些私立名校，例如：麻省理工学院、斯坦福大学、威廉斯学院和“常春藤联盟”的八大名校（哈佛大学、普林斯顿大学、耶鲁大学、宾夕法尼亚大学、布朗大学、达特茅斯学院、康奈尔大学和哥伦比亚大学），它们授予助学金的政策都是严格按家庭的经济状况和需要，而绝不是按学生的成绩优劣来决定的。换句话说，家庭经济越困难的学生，从学校得到的助学金就越多。如果学校认为某个学生的家庭经济情况可以承担全部的费用，那不论该学生多么优秀，学校也不会给该生一分钱的助学金。如果你听说某某孩子因为品学兼优，得到了哈佛大学、耶鲁大学、麻省理工学院等校授予的高额奖学金，这其实是一种误传。

在众多私立名校中，我所知的唯一例外是加州理工学院。该校确实有授予优秀学生奖学金的政策。

在麻省理工学院寄给昕的录取材料中，有一份来自学校学生经济资助办公室关于授予昕经济资助的信如下：

> 昕：
>
> 我们高兴地把学校授予你第一学年的经济资助通知你。这一助学金的授予是根据两个条件的：
>
> 1. 你必须在指定的新生学年内的秋春两学期均注册为全日制学生。
>
> 2. 在学期间不住在任何家庭成员的房子里（住校或租房）。
>
> 学生费用预算（美元）：①书本杂费：$1050
>
> ②食宿杂费：$7500
>
> ③交通和个人零用：$2050
>
> ④学费：$26 960
>
> ⑤贷款手续费：$76
>
> 费用预算总计：$37 636

家庭负责费用：①父母出资：$16 650

②学生暑假工作收入：$1600

家庭负责费用总计：$18250

学生费用不足部分：$19386

助学金和贷款：

麻省理工学院授予的助学金：$13710

学生在学期间校内工作收入：$1600

联邦伯金斯贷款：$1500

联邦补助的贷款：$2576

助学金和贷款总计：$ 19386

助学金和贷款的总和与学生费用不足部分相等。这就是学校的“按需”经济资助政策。在上述的各项中，父母出资部分是根据家庭经济收入而定的；学生在学期间校内工作收入定为$1600；学生暑假工作收入定为：一年级$1600；二年级$1800；三年级$1900；四年级$2000。如果学生在校内工作和暑假打工的收入低于学校规定的数字，其不足部分由家长承担。

学校授予的助学金是不用归还的。联邦伯金斯贷款和联邦补助的贷款都是由美国联邦政府提供的低息贷款，前者的利率为6%，后者为8%，都是在借贷学生本人大学本科毕业后六个月才开始计算利息和归还本息的。而这些贷款都要求借贷学生的父母签字担保，如儿女毕业后无法还债，那父母就得代劳。

新生入学后要继续得到学校和联邦政府的经济资助，每年都需重新申请，由学校根据家庭当时的实际经济情况重新计算。由于通货膨胀等多种原因，学校的学杂费每年都上涨。就麻省理工学院而言，在昕入学的头三年里，一个大学本科生每年的总费用分别是$37 636，$39 160和$41 080。而我们家庭负责的费用则为$18 250，$23 640和$27 512。

麻省理工学院每年用于学生经济资助的开支浩大，仅助学金一项就达$35 000 000。但该校资金雄厚，据学院招生办的工作人员说，麻省理工学院每年计划用于学生经济资助的资金都用不完，学生和家长完全不必担心学生经济资助方面的问题，只要能进来，就可以按需得到经济资助。

经过学校和联邦政府经济资助的计算公式过滤，原来经济情况差别较大的两个家庭之间的实际差距已经缩小了，原来的家庭经济情况不平等在大学本科的四年内也变得相对地平等了一些。

尽管有学校和联邦政府的经济资助，上私立名牌大学的费用对大多数学生家庭来说也还是一项很庞大的经济开支。据麻省理工学院统计，该校领取学校和联邦政府经济资助的本科生在毕业时的平均债务达$23 450。但该校宣称，对这般大小的债务完全不必担心，因为该校毕业生找到工作的希望比一般大学的毕业生大很多，起薪也会比一般大学的毕业生高。

29

名校“慧眼识英雄”

申请人在完成了所有的申请手续之后，就处在被学校挑选的位置上了。虽然大家都知道各大学的招生标准和政策，但到大学发录取通知时，还是会有不少意想不到的结果。

前面提到的那位曾在情人节送花给昕、名叫华尔斯的高中男同学，学习成绩名列前茅，在地区的数学比赛中多次取得名次，是学校数学代表队的主力队员。记得在一次学校招待荣誉学生及家长的餐会上，我们正好与华尔斯的父母同桌，他们谈起儿子时都充满了自豪感，还向同桌的家长们讲述了当地报纸报道华尔斯在SAT与ACT考试得满分的消息。虽说家长们知道华尔斯的父母都在该报当编辑，但这两个满分确实是了不起，值得登报。除了学习，华尔斯的运动天赋也很不错，曾在少年跆拳道比赛中得到名次。

华尔斯有志于工程科学，提前申请麻省理工学院。人人都觉得，华尔斯要进任何名校都毫无问题。他与昕是较好的朋友，昕也说：“如果华尔斯不行，就没有人能行！”

可是，麻省理工学院在提前申请阶段没有录取华尔斯，把他放到了候补录取的名单上。这样，在提前和正常申请两个阶段的全部新生录取工作完成以后，如果有被正式录取的人不来就读，校方才会从候补录取的名单上再选人来补充。而校方是否一定会从候补录取名单上选华尔斯也没有保证，一般要等两个多月才能知道候补录取的结果。对比之下，昕和她的一个名叫孟恩特的美国男同学的高中总平均成绩和SAT考试分数都不如华尔斯，但都被麻省理工学院分别在正常申请阶段和提前申请阶段录取了。大家对此都难以理解，只能为华尔斯感到惋惜，昕也为华尔斯未被麻省理工学院正式录取感到不平。

两个多月后，正当华尔斯做好准备到录取了他的另一所大学就读时，他收到了麻省理工学院的录取通知书，大家都为他感到高兴。

我还有一个朋友的儿子叫志明，与昕同年，小学和中学常和昕一起玩。志明的学习特别优秀，多次夺得地区、州数学竞赛个人冠军，在全美中学生的数学和物理竞赛中也取得了很好的成绩。他曾入选美国中学生奥林匹克代表队，在世界中学生奥林匹克比赛中为美国队夺得了一枚金牌。毫无疑问，志明要进任何名牌大学应是易如反掌、顺理成章之事。果然，志明收到了普林斯顿大学、麻省理工学院、加州理工学院、斯坦福大学等多所名牌大学的录取通知书，可令我们万万没有想到的是哈佛大学竟然没录取他。我们对哈佛大学的决定大惑不解，有的人甚至认为哈佛大学不可能这般“有眼无珠”，一定是哈佛大学招生办疏忽大意弄错了。其实，如果仔细分析一下，哈佛的这一决定是有其道理的。其一，志明要读的是工科，而哈佛大学工科专业的排名不如麻省理工学院、加州理工学院等名校，所以即使哈佛大学录取了志明，他也很可能不会选读哈佛大学。其二，从全局的观点来看，只有把像志明这样有极高天分的工科人才送入顶尖的工科名校才能使个其人价值和社会得益最大化，才能做到人尽其才。所以，于公于私，于情于理，哈佛大学都应该主动“让贤”，而哈佛大学也正是这样做的，这恰恰说明了哈佛大学并不是“有眼无珠”，而是“慧眼识英雄”。

昕有一位要好的高中朋友，名叫琳莫斯。她同时申报了哈佛大学和杜克大学的政治专业，结果她在收到哈佛大学录取信的同时居然收到了杜克大学的拒录通知。

有一种普遍的看法认为，只要申请者的成绩达到了学校的“录取线”，校方就不会再考虑申请者的成绩谁高谁低了，而开始比较申请者其他方面的素质，着重考虑如何去建立一个全面的一年级学生团体，例如：考虑运动队人才、学生团体领袖、不同族裔背景、男女生比例等。这就像一个篮球队教练为组队挑选运动员一样，缺中锋就找中锋，没后卫就找后卫，力求组成一支完美的“梦之队”。在这个意义上说，一个成绩达到了学校“录取线”的申请者能否被学校选录，就有相当大的偶然性了。假如该申请者是一个打“中锋”的人才，那得取决于有多少个合格的申请者都适合该校“中锋”的位置，以及谁是最佳的“中锋”了。

这样看来，一个孩子要进入名校，除了要达到名校苛刻的接收条件外，还要有比较好的“运气”，两者缺一不可，这就是难度。

30

挑战麻省理工学院

美国大多数的高中毕业生会同时申请几所到十几所大学。在每年4月的大学录取放榜期间，很多人会收到几所，甚至是十几所学校的录取通知书。大部分学校要求被录取者必须在5月2日之前回信，通知学校他们是否决定来校注册，以便学校及时安排候补学生的录取和新生入学的事宜。

2001年4月，昕收到了她所申请的七所名校寄来的录取或候补录取信，没有拒绝录取信。她很快就从中选择了两所学校——麻省理工学院和杜克大学作最后的比较。论大学排名，杜克大学紧跟在麻省理工学院之后，论校园之美丽，麻省理工学院无法与杜克大学相比。

我曾在1989年与几位朋友慕名去北卡州参观了杜克大学，大家无不为其蓬莱仙境般的校园风光赞不绝口。昕申请学校时，因杜克大学离我们的住地较远，我们没有去参观校园。但当时我答应过昕，在她做最后决定之前，我可以带她去那些录取了她，但她没有参观过的学校看看。

我有一个好朋友的儿子涛当时正在杜克大学上一年级，他与昕从小一起玩儿，上同一所中学，周末上同一所中文学校，暑假去同一个夏令营。涛在选择学校时就放弃了某私立大学授予的全免学费奖学金而来到没有给他一分钱经济资助的杜克大学。当他知道昕被杜克大学录取时，就一个劲儿地说服昕到杜克大学就读。

为了兑现诺言，我定好飞机票、旅馆和出租车后，全家飞到了杜克大学参加学校组织的家长、学生活动周。

杜克大学位于北卡州的多林市市内，有一个森林公园式的大校园。4月，当纽约州北部还是银装素裹、寒风刺骨时，杜克大学已是一片阳光明媚、百花盛开、春色满园的景象了。校内那掩映在绿树丛中的哥特式建筑群，在蓝天的衬托下显得格外宏伟壮观。一片片绿地毯似的草坪星罗棋布地点缀在教学大楼、办公大楼、实验室大楼、餐厅和学生宿舍之间，路旁五颜六色的鲜花在静静地散发着幽香，好一幅令人陶醉的美丽画图。

昕到学校接待处登记后，我们就开始参观校园。校内到处是熙熙攘攘的人群，前来参加活动的学生和家长真不少。在涛的带领下，我们参观了主体教学楼、图书馆、学生宿舍、学生活动中心和体育馆，觉得学校的总体设施挺不错的。

中午，我们特意到学生餐厅吃午饭，想体验一下杜克大学的伙食办得如何。我们早就听说过杜克餐厅佳肴的美名，真是百闻不如一见，一试果然名不虚传。自助餐厅里的摆设十分高雅，各种食物琳琅满目，应有尽有。据有关资料介绍，“常春藤联盟”之一的康奈尔大学因为有个烹调系，该校的餐厅在所有的大学中办得最为出色，令不少学子慕名报考。我想，除了康奈尔大学外，杜克大学的食物也许是最美味的了。

按照学校安排的时间，昕去听了一节四十五分钟的计算机课，她还在堂上发言、参加讨论和回答老师的问题，我笑话她是“下车伊始”的自来熟。

涛带着我们参观了他的宿舍，他与一美国男学生同住一间房。我早就听闻杜克大学有贵族学校之称，但这次身临其境却没有明显的感觉，唯一的迹象就是看到一座学生宿舍的停车场上有几辆奔驰之类的名牌车而已。昕的高中同届毕业生中有三人被杜克大学录取，其中昕和华尔斯都无贵族家庭背景；另外那位美国男同学的父亲是杜克大学毕业的校友。

经过一天的参观，昕挺喜欢杜克大学的，她到校园商店买了印有她一直十分欣赏的杜克大学篮球队的标记和杜克大学校徽的衣裤，摆出一副要来杜克大学就读的架势。

晚上，我们邀请涛一起到多林市的一家中国餐馆吃饭。多林市是一个小市镇，市容陈旧，给人一种年久失修之感，与美丽幽静、如诗如画的杜克大学校园形成极大的反差。联想到布朗大学、耶鲁大学等名牌大学也是与一个萎靡不振的城市和平共处，相安无事，美丽的杜克大学与颓败的多林市的不般配也就见怪不怪了。

晚饭后，我们把涛送回了杜克大学的学生宿舍，然后回到旅馆休息。我们觉得杜克大学各方面的条件都很好，昕如果想上杜克大学我们也没意见。我还表态说，促使我选择麻省理工学院而不选择杜克大学的唯一理由就是麻省理工学院给昕的经济资助比杜克大学给的多了一千多美元。站在家庭经济的立场上，我赞成麻省理工学院。昕却是左右为难，拿不定主意究竟选哪一所学校才好。她觉得两所学校各有千秋，尤其是杜克大学的男子篮球曾多次夺得全美大学篮球联赛冠军对她有很大的吸引力。她征求我的意见，我就在一张纸上让她列出十几个考核学校各项指标的项目表，如学习设施和条件、校园环境、安全、宿舍、餐厅、经济资助、地理位置、交通、学校排名、运动项目等，然后逐项分别给麻省理工学院和杜克大学打分，最低是一分，满分是十分，最后把各项的分数加起来，选择总分较高的那一所学校。昕按照我的建议列表打分，结果是麻省理工学院得了98分，杜克大学得了94分，差别很小。若去掉打分时的人为误差，两校难分伯仲。这一结果看来也算合理，不然的话昕就不会这么为难了。昕竟然还用连续抛三次硬币的方式来帮助自己作出决定，结果也是麻省理工学院获胜。尽管如此，昕还是不想马上作出最后选择，她需要时间再考虑考虑。

第二天，我们打道回府了。在开车去飞机场的路上，车里的收音机正在播放着一首人们广为传唱、名为“我愿你起舞”（英文：I Hope You Dance）的美国乡村歌曲。这首歌表达了一位母亲对儿女的忠告和殷切希望，其歌词大意是：

> 我希望你永远不会失去好奇心，
> 在吃饱的时候总是保持着饥饿感，
> 愿你不要把每一次呼吸都当作是理所当然的，
> 愿爱的考验不会使你失落惆怅，
> 我希望当你站在海边时你仍能感到自己的渺小，
> 当生活将一道门关上时，我希望会有另一道门为你打开，
> 答应我，你会珍惜和信任你自己，
> 当你可以选择坐在舞池外还是起舞时，
> 我希望你起舞，
> 我希望你起舞。
>
> 我希望你永不畏惧远处的高山，
> 永远不要安于选择阻力最小的捷径，
> 生命也许意味着冒险，但它是值得的，
> 爱情也许意味着错误，但也值得一试，
> 不要让那些扭曲的心境给你留下痛苦，
> 当你受到放弃理想向金钱妥协的诱惑时，我劝你三思，
> 对你头顶的那片天再多看几眼，
> 当你可以选择坐在舞池外还是起舞时，
> 我希望你起舞，
> 我希望你起舞。

我和昕不约而同立刻爱上了这首歌！我顿时感到，收音机好像预先知道我们内心在挣扎似的，专门在此时为我们播放这首歌，帮助我们作出选择。歌词“我希望你永不畏惧远处的高山，永远不要安于选择阻力最小的捷径”，淋漓尽致地代表了我此时此刻的心声。昕也说：“如果按照这首歌的意思，我应该选择上麻省理工学院。”

回到家里，我向昕建议说，不必着急作决定，反正还有时间，把方方面面都想清楚了再拍板，一旦决定了就不要后悔。

如前所述，凡收到录取信的新生必须在5月2日前通知学校是否前来就读。从杜克大学回来，昕又马上投入到紧张的学习考试之中。当时离5月2日大约还有两周时间，昕还在继续她的筛选大学过程，主要是与同学和朋友讨论，偶尔在家里也会轻描淡写地说几句。我已表明了我的意见和立场，昕若不主动来找我谈选择学校的事，我是不会过多地去干扰她的。我知道，她需要时间，我也相信她会做出正确的选择。

有一天，昕突然对我说，她给自己作出最后决定的期限是4月25日，只有快刀斩乱麻才能有结果。听了她的这番话，我能深深地体会到她的内心是多么的矛盾，下决心又是多么的难。但我爱莫能助，最好的办法还是顺其自然，耐心等待。

4月25日晚上十一点多，我正躺在床上看书，昕走进来对我说，她还是无法作出最后决定，想听听我的意见，说着说着竟伤心地哭了起来。我意识到面临人生的岔路口，她有很大的心理压力。我对她说：“麻省理工学院和杜克大学都是很好的学校，不管你选择哪一所学校，我都会支持你的决定。相比之下，因为你已选定了计算机的专业，而麻省理工学院的计算机专业在全美大学中排第一，所以我觉得麻省理工学院比较合适。当然，大家都知道麻省理工学院学生的学习压力很大，个个学生在高中时都是尖子，学业上的竞争一定非常激烈，要得到好成绩非常困难。我看到你整个高中期间学习都比较懒散，但成绩还不错，觉得你还是学有余力。否则的话，我不会赞成你上麻省理工学院。退一步来说，如果你觉得在麻省理工学院顶不住了，还可以转到杜克大学或其他录取了你的名校去。但若想从其他工科较好的大学转到麻省理工学院，就不是那么容易了。”她听后点点头说：“我就是有点担心自己承受不了麻省理工学院的压力。”她还告诉我，她如果去杜克大学会很容易获得好成绩，但她的老师和同学们都赞成她上麻省理工学院。在过去的两周内，她抛了好多次硬币，几乎每次结果都是麻省理工学院。看来，她心里是倾向麻省理工学院的，但又有所顾虑，害怕自己必须付出很多努力，因此内心一直在挣扎。这时，只要有一点外界的精神支持和推力，就能打破平衡让她作出选择。

有一位朋友曾告诉我，他的一位熟人的孩子在高中时是全校第一名，后来进了麻省理工学院读计算机专业。在学业和其他方面的巨大压力下，原本的那个朝气蓬勃、活跃开朗的青年人竟变得心事重重，沉默寡言。最后不得不休学一年后再重回学校继续学业。我认为，即使是那些特别迫切地望子成龙的家长，如果能预知自己的孩子将会有这样的结果，肯定也会止步不前的。我们作为父母，对子女的能力一定要有一个客观的、实事求是的评估，力求做到“知己知彼”，量力而行，否则会铸成大错，后悔莫及。

受到我的一番鼓励，昕最终决定选择麻省理工学院。我俩又继续聊了一会儿，当我听到她那说话时轻松的语调和发自内心的笑声时，我能明显地感觉到，她的心理压力已彻底解除了，她又找回了自信心，找到了她自己。我感到很欣慰，我那天晚上睡得很香。

31

希拉里·克林顿的贺信

昕在麻省理工学院读大一那年12月中旬的一天傍晚，我像往常一样，下班回家就马上去信箱取邮件。在厚厚的一叠信件中，我发现了一封来自美国首都华盛顿的信。我匆匆地扫了一眼，看到信封上打印的都是英文，以为又是垃圾邮件，正想把它搁在一旁，但我的眼光又马上扫到了信封左上角的寄信人落款处：美国参议员，首都华盛顿，而收信人则是我们那远离家门、已到波士顿上了三个多月大学的女儿昕。我从未听昕说过她与任何美国参议员有来往，为何会……可当我把眼光移向信封的右上角时，发现那里有寄信人的英文签名。再仔细一看，签名者竟然是最近才新当选为美国参议员的希拉里·克林顿——美国前总统克林顿的夫人。有没有搞错啊？我想：前美国第一夫人希拉里·克林顿是美国出名的公众人物，我们与她不仅是素昧平生，更是风马牛不相及，怎么会突然收到希拉里·克林顿的信呢？原来，这是希拉里·克林顿夫人写来的一封贺信，摘要如下：

美国参议院

华盛顿，DC 20510-3204

2001年12月11日

希拉里·洛德汉·克林顿

纽约州

参议员

罗素参议院办公大楼

476室

华盛顿，DC 20510-3204

电话：202-224-4451

亲爱的昕：

热烈祝贺你被麻省理工学院录取为2005届的学生。你应为你所取得的成就感到非常自豪。我和你的家人、朋友以及老师都深深地感到你所取得的成就体现了你的努力工作和献身精神。我衷心地祝愿你有一个美好的未来并在学业上取得一个又一个的成功。

你诚挚的，

希拉里·洛德汉·克林顿

Congratulations on being admitted to the Massachusetts Institute of Technology Class of 2005. You should take great pride in your accomplishment. I join with your family, friends and teachers in acknowledging the hard work and dedication that your achievement represents. You have my best wishes for a wonderful future and for every success in your academic endeavors.

Sincerely yours,

Hillary Rodham Clinton

Hillary Rodham Clinton

希拉里·克林顿英文原信的主要部分

看完此信令我感到惊讶的是，希拉里·克林顿作为前美国第一夫人，现任联邦参议员，竟然会在百忙中抽空写信给一个从不相识的女孩，只因为她被麻省理工学院录取了。我尝试着去探讨其中的动机：也许是作为从纽约州新选出来的联邦参议员，希拉里·克林顿觉得她应写信祝贺纽约州考上麻省理工学院的应届高中毕业生；也许是作为著名的女权主义者，她对纽约州或全美考上麻省理工学院的女高中生有着特殊的情感……虽然我不知道那年全纽约州考上麻省理工学院的应届高中毕业生的确切数字，但估计也有数十人。作为一个政治家和代表纽约州的联邦参议员，希拉里·克林顿竟然连这样小的事情也能关注得到，实在令人佩服。

对希拉里·克林顿，我颇有好感。我觉得她睿智、幽默、大度、有风度、有涵养，是一不可多得的女中豪杰。在当年的纽约州联邦参议员选举中，她在方方面面都远远超过她的共和党竞争对手。我当时也投了她一票，并为她的当选感到高兴。

在此之前，昕也收到了纽约州的州议员、奥本尼市的市议员和区议员祝贺她高中毕业的贺信或奖状。可以想象，许多本地的高中毕业生也许都会收到这些州、市、区议员寄来的、具有同样内容的贺信或奖状，但这些泛泛的贺信和奖状与希拉里·克林顿的来信对孩子的鼓励是不可同日而语的。

第五部

麻省理工的苦与乐

32

学生宿舍和室友

麻省理工学院的学生宿舍星罗棋布地分布在校园各处，按性别分的有男生、女生和男女生混合三种；按生活类型分的有“派对”和“非派对”两种。“派对”型的学生宿舍在晚上十一点前开“派对”是合法的；而“非派对”型的学生宿舍则严禁在晚上七点后开“派对”。一般来说，每栋宿舍都有供单人、双人、三人或四人住的房间，房租的价格也不一样。

麻省理工“派对”型学生宿舍里的疯狂

学生宿舍的分配方法既民主又有趣。每年秋季开学前，除了刚入学的一年级新生外，需要住校的学生都按个人对宿舍及房间类型的喜好填写申请表，然后通过电脑进行抽签——学生们称之为中“宿舍六合彩”，最后根据抽中的号码来确定选择宿舍和房间的先后顺序。对于多人房间的申请者，每人可领一个号码参加抽签，以最靠前的那个号码参加排队，其余的号码作废。

麻省理工学院规定一年级新生必须按照学校的统一安排，全部都住在学校学生宿舍。8月下旬，麻省理工学院的新生开始陆续搬入宿舍，做好开学前的准备。昕被学校安排在一幢名叫贝克的男女生混合“派对”型学生宿舍。

贝克是一栋枣红色的六层楼，有暖气设备而无冷气空调，房间分为单人、双人、三人和四人四种。贝克宿舍规定新生一定要三人或四人同住一个房间。每层楼除了有公用的洗澡房及厕所以外，还有公用的学习区，里面摆设了一些桌椅，为个人或小组学习和讨论提供方便；楼的最底层有

学生宿舍贝克的公共学习区

公用的厨房和餐厅；每个房间有供洗漱用的自来水和水盆；每人配有一张书桌、一把椅子、一张床、一个装衣物的大柜子和一条计算机的互联网专线；每个房间有一条公用的电话线和一张公用的木头长沙发。

贝克是昕的首选，因为房间里有自来水（高年级学生都认为这点很重要！）、家具和比较新的设备（干净，少点中毒的可能！），宿舍离校园较近（可以多睡懒觉！），而且还面对着查尔斯河（有景色抚慰心情！）等好处。昕是独生子女，因此她也对贝克宿舍订出的三四人同住的规定充满了兴奋和好奇。

昕被分在一楼一个四人住的房间，她的三名女室友分别是来自加州的华裔阿莫莉、德州的法裔朱莉和美国萨摩亚岛的莎萝。

入校那天，我们把满载着行李的车停在了宿舍大楼前面，昕到宿舍管理室领来了钥匙，我们就开始往宿舍里搬东西。打开宿舍的门一看，我们发现房间里有两张上下铺的床、四张书桌、四把椅子、四个大木柜子和一张长沙发。虽然还没有任何行李，但是位置较好的那张床的上下铺、两个柜子和靠窗的两张书桌都摆上了写着朱莉和莎萝名字的纸条。显然，她们俩在搬东西进来之前已经先选好了自己的位置。不一会儿，阿莫莉和她的父母也来了。第一次见面的昕和阿莫莉都很大方，她俩经过简短的讨论后，都觉得朱莉和莎萝的做法虽然欠妥，但她们也许不是故意的，决定要找她俩商量房间的重新安排事宜。

把昕的行李搬进了她们的房间后，我们在宿舍大楼的公共大厅里遇到了朱莉的妈妈，大家热情地交谈了起来。当谈及房间的安排时，朱莉的妈妈笑着说，让她们四个人自己去讨论解决办法好了。看来，家长们觉得这是孩子们之间的事，应该由她们自己来处理；而孩子们也觉得她们自己完全能处理好这件事，用不着家长们操心。

当朱莉和莎萝回到宿舍时，昕就对她们说："我们觉得应该四个人一起商量一下房间的安排。”她俩二话没说，马上笑着表示同意。她们四个女孩子稍作讨论就敲定了方案：朱莉和莎萝仍然拥有她们原来放了名字纸条的床和柜子，但把靠窗的两张稍大的书桌让给了昕和阿莫莉，因为她们俩的电脑比较大。而昕和阿莫莉在决定谁睡上铺，谁睡下铺时都表示自己愿意选择上铺，最后昕做出让步，选择了下铺。不到二十分钟的工夫，她们四个人自己就全部调整好了。一个房间、四个不同背景的女孩——女儿大学生活的第一天就这样开始了。

昕（前左）和她的室友阿莫莉（前右）、朱莉（后左）、莎萝（后右）

33

麻省理工C=哈佛A

麻省理工学院的一年级新生入学后马上会面临两大挑战：一是学业方面的；二是心理方面的。

早有传闻，麻省理工学院的学生在学业方面所承受的压力是巨大的。学生们常用“我们喝的是消防水龙头的水”来比喻他们课程的压力之高和作业量之大。校方非常明白这一挑战的难度，特别对一年级新生网开一面，规定一年级（后来改为一年级的第一个学期）所有课程的最后成绩不用分数制，只有通过和不通过两种，以减轻分数对新生的压力，让他们有一个过渡阶段，以便逐渐适应麻省理工学院的高压环境。

麻省理工学院的学生都是来自全美各高中或世界各地的精英。常言道：人外有人，天外有天。在昕的同届同学中不乏绝顶聪明的“天才儿童”。有一位来自中国香港的十四岁“神童”，他主修计算机，各门考试名列前茅，而且中文也学得很好，知识面很广。这位“神童”的哥哥也是麻省理工学院的学生，比弟弟高两届。为了有个照应，“神童”的父母要求学校把“神童”安排在他哥哥所住的宿舍。还有一位来自中国上海的女孩，也是计算机系的学生，从一年级到三年级，门门功课都拿满分。有一天，我开车送昕回校，在她的宿舍前遇到一位肤色稍黑，矮矮胖胖的印度裔女孩，昕向我介绍了这位聪明人的惊人之举：她同时主修计算机、土木工程、环保工程三个专业的学士学位，副修企业管理和经济，一共是五个专业，简直是不可能完成的任务。不言而喻，要在这样优秀拔尖的学生群中求生存，除了要机智灵活、刻苦努力以外，还必须调整好心态。

来自德州的朱莉是昕的室友，她的父母曾分别在麻省理工学院拿到了材料工程的博士和硕士学位。高中期间，朱莉的各科成绩都是第一名。在麻省理工学院，她主修化学工程。朱莉对自己的学习要求很高，虽然一年级修的课不计分数，但当她在一门非专业的必修课上估算自己的最终总成绩有可能是B+时，她曾很认真地考虑把那门课退掉。来自萨摩亚岛的莎萝是昕的另一室友，她的专业是土木工程。可第一学期还未结束，她就主动向学校申请停学一年，到她姐姐所在的东北大学补学一年数学和物理，打好知识基础然后回来读一年级。而昕读的计算机专业基础课更让许多高中时成绩都是A的同学面临着不及格的危险。

昕在这里也遇到了前所未有的挑战，得“A”不再是一件容易的事。第一学期，她参加了麻省理工学院的划船队，在男子划船队里当舵手。每天清晨五点多就要到学校的船坞集中，进行体能或划船训练，傍晚五点半又有另外一次训练。后来因为学习太忙，她第二个学期就不再参加划船队了。昕说，她们宿舍的四个人学习都很刻苦、很努力，有时凌晨四点才上床睡觉。当然，她们也常常睡到上午十点或中午，甚至是下午才起床。

“三中选二”是学生们用来形容极为紧张、繁忙的校园日常生活的一句话，即：他们只能在朋友、睡眠和学习这三样之中选择两样。通宵达旦连续学习在麻省理工学院更是家常便饭。有一位计算机系的男同学为了完成功课，一学期里有十五天是二十四小时不睡觉的；昕的个人最高纪录是连续二十三小时没上床睡觉。学生们在麻省理工学院的学习压力下学会了团结与合作，与其一个人熬夜做作业，还不如和伙伴们一起说说笑笑，互相帮助，有问题一起讨论效果更好。昕深有感触地说，高中期间，有些同学问她学习上的问题时，她最常说的是：这个问题挺容易的。但来到麻省理工学院以后，当她向比她学习好的同学请教学习上的问题时，她的同学有时也会顺口说出同样的话来，这时昕才意识到这句话有点刺耳，会让人感到不舒服。虽然说者毫无恶意，但通过现在的换位，昕才真正体验到当年那些问她问题的高中同学的感受和滋味……

据昕说，面对学习上的高压和心理上的挑战，许多新生每周都会好几次问他们自己同样的问题：“为什么我要上这所学校？”校长好像也知道新生们的心思似的，他在全体新生大会上对同学们说：“你们不要以为是学校不小心搞错了才把你们招了进来。对于所招的每一个新生，我们都是经过全面审议及严格挑选的。”言下之意是你们不要怀疑自己的能力，我们如果认为你们不行的话就不会把你们招进这所学校。

自然而然地，麻省理工学院的学生会把他们受到的学习压力与其他的名校相比较。昕曾提到，同样的一本计算机专业教科书，某“常春藤联盟”大学的计算机系要用一年的时间教完，而麻省理工学院计算机系则仅用一学期。也许这就是麻省理工学院计算机系能在全世界排名第一的原因之一吧。

一天晚上，昕和同学到麻省理工学院观看学生的无伴奏合唱表演，其中有个节目在诙谐幽默地谈到该校的学习之紧张和考试评分之严格时，表演者们突然在舞台上打出了一条横幅标语，上面写着：“麻省理工的C=哈佛的A”，引得全场观众哄堂大笑和热烈鼓掌。如果知道麻省理工学院与哈佛大学是“世纪竞争对手”的话，正如英国的牛津与剑桥、中国的清华与北大一样，这种讽刺调侃对手的现象也就见怪不怪了。

昕所学的专业是计算机科学，但我从她入学的第一天开始就告诫她：“不管你学什么专业和将来从事什么工作，一定要多维发展。我希望你除了专业课外，还必须修一些哲学、历史等文科课程，开阔自己的眼界，打下更扎实的基础，把你的知识金字塔垒得更高。”听了我的建议后，昕在大学期间选修了经济学、心理学、西方音乐史、亚洲文学、中文等非专业课程，受益匪浅。

34

作弊风波

不管名校也好，普通学校也罢，凡有学校存在，就会有学习作弊的现象，历来如此。麻省理工学院并不是世外桃源，学生学习作弊的事件也时有发生。

一天深夜，昕打来电话，很严肃、很郑重地说她想和我讨论一下有关“学习道德”方面的问题。乍一听，我以为她自己在学习道德方面犯了什么错误了呢。原来，她有两位印度裔同学为了得到好成绩，几乎每次大测验或考试前都编些理由来向教授请假，让教授推迟他们俩人的考试时间。等到大家考完后，他们就到处打听考试的内容，有时甚至还假装和别人讨论自己考试的做题方法来探听考试题目。这种类型的作弊有时还会有好几个人分工合作，同时在不同的课里进行。昕和她的一些同学发现这些作弊行为后都十分气愤。他们认为，在学习压力大的情况下为了交差，偶尔抄别人的作业可以理解，但合伙撒谎和偷考试试卷的内容实在是太过分了，是学习道德方面的严重问题。

听了昕的话后，我为她能在激烈的学习竞争中依然保持着正确的学习态度而感到欣慰，我鼓励她要靠自己的真正本事去争取好成绩，坚决不走歪门邪道。昕很同意我的看法。

可是，在昕跟我讨论了上面所提及的别人考试作弊的现象后不久，她自己却被卷进了一次学习作弊的风波里去了。事情的经过是这样的：

昕大学本科主修的专业是计算机，该专业规定其学生必须修两门专业实验课。实验课的特点是每一门功课都是设计项目，学生必须动手设计和实践。其中一些专业实验课的难度是出了名的，每个项目都要在实验室里连熬将近两个星期。如果只是为了得个A，也可以选修容易过关的实验课，既可以少花点时间，又容易取得好成绩，何乐而不为呢？但昕却选修了一门较难的微型控制器实验课，内容介于硬件和软件之间，两类系统都要设计。在修这门实验课的学生中，电机工程专业的学生占多数，计算机专业的学生修这门课专业优势较少。我问她为什么不选容易的实验课时，她简单地回答说：“我想多学点东西，同时也想挑战自己的动手能力。”

微型控制器实验课的授课教授发给每个学生一套电子硬件，要求每个人用这套电子硬件按项目的题目设计一个电子装置，再写计算机程序来控制和运行这个电子装置，并要向实验课的辅导老师演示所设计的装置能成功运转和通过口试。除此之外，还要写一份书面报告来解释设计运行过程的每一步。授课教授明确地向大家宣布和说明了实验课的纪律：你可以和其他同学讨论设计方案，但整个装置与操作系统必须独立完成。

经过努力，昕提前完成了项目的装置，把成功运行的设计和程序报告交给了授课教授。几天后，昕接到授课教授发来的电邮，通知她在第二天下午去办公室见他。电邮里还列出了一位非洲裔学生丽莎的名字。在开始做实验项目的头几天里，昕和丽莎经常见面，成为实验室的学习伙伴，一起讨论项目的各种难题。

昕接到教授的邮件后心里忐忑不安，当天晚上就打电话给丽莎，问她是否知道教授找她们的原因。丽莎说不知道。昕还问丽莎，教授的电邮是否会与她们刚交差的项目有关？丽莎不确定地说：“有可能吧。”

当天晚上，昕打电话给我，说她既担心又紧张，不知道教授为什么找她们。她觉得她们没做错什么，但是教授电邮里的言辞好像有些严厉。难道教授是在怀疑她作弊？如果真的是这样的话，不但该项目的成绩会被取消、个人名誉受损，还可能会受到学校处分，后果不堪设想。昕问我，她应该如何处理这件事？我首先问她，她和丽莎的讨论内容有否违反实验课的纪律？她说，没有，她所回答的丽莎的问题都是一般性的技术问题，并没有互相交换操作程序的内容。我和昕经过分析后一致认为：如果当时那位任课教授确定昕和丽莎作弊的话，就应该直接在他的电邮里明确地指出，何必找她们谈话呢？于是，我安慰昕说："如果那位任课教授问的是这件事情，你就实话实说好了，应该是可以解释得清楚的。"

第二天下午，昕和丽莎一起来到那位授课教授的办公室。教授很严肃地请她们坐下后，先问昕："你知道为什么会要你坐在这里吗？"昕说她不知道。然后教授把摆在他的办公桌上的两份实验报告中的一份打开，递给昕问道："这是什么？"昕一看就认出了那是自己报告里写的程序。教授又把另一份报告递给昕，昕看过后说那好像不是她的程序，结构也大不相同。教授叫她对其中解释程序的一句话多看一眼，昕才发现这句话虽然与她写的相同，但放在这里是行不通的，这份报告显然盗用了她程序里的一些内容。昕说，她不知道这是怎么回事，但她保证她的程序是自己独立完成的，没有与别人合作，更没有有意让别人抄袭。昕说完后，丽莎马上承认是她抄了昕的计算机程序。昕听后有点莫名其妙，她根本不知道丽莎是如何搞到她的计算机程序的。

原来，昕提早做完项目的那一天，忘记了删掉她在实验室的测试电脑中测试的程序。她走后，丽莎接着用那台计算机时发现了昕的程序，她就照抄了。听了她们的解释后，那位授课教授当场决定：给昕一个警告；给丽莎整个项目的成绩零分。如果再出现作弊情况，整个实验课的总成绩给零分。

从教授的办公室出来后，昕告诉丽莎，那位教授的邮件害得她昨晚一夜没睡好。丽莎说，她也没睡好，并且马上向昕道歉。

在这次作弊的风波中，昕担惊受怕，损失了不少脑细胞。唯一值得庆幸的是，她的这门实验课的期末成绩得了个A。

35

玩电脑游戏

计算机技术的迅猛发展把小型电脑带进了千家万户，五花八门的电脑游戏让人眼花缭乱。电脑游戏对青少年极具吸引力，甚至有的中、老年人也爱上了玩电脑游戏，电脑游戏的市场充满了商机。

很多家长担心孩子整日沉迷于玩电脑游戏而影响正常的学习和休息，有的家长规定孩子玩电脑游戏的时间；有的家长要求孩子完成家庭作业后才能玩电脑游戏；有的家长干脆禁止孩子玩电脑游戏。可是孩子终归是孩子，他们的天性就是喜欢玩耍，面对如此有吸引力的电脑游戏，孩子们很容易着迷和失控。这样一来，孩子要玩，而家长却要限制、禁止，两代人之间就会产生矛盾和冲突。如果不妥善解决这个矛盾，孩子和家长之间的对立会变得越来越严重，直接影响家庭的和睦，也不利于孩子的成长。

昕也和其他孩子一样，从小爱玩电脑游戏。一开始家里没有电脑，我们每次带昕上街买东西，她就在有免费试玩电脑游戏的商店里赖着不走，抓紧机会猛玩。后来家里买了一台电脑放在她的房间里，她随时都可以玩。昕在美国上小学和初中时，功课负担不重，玩电脑游戏也没有影响正常的作息时间，学习成绩也一直全是A，所以我没有干涉她玩电脑游戏。

昕上高中后，功课负担比小学和初中都加重了，而且还要花很多时间参加学校运动队的训练、比赛。按理说她应该自觉地减少玩电脑游戏的时间才对，可是她反而变本加厉，越打越疯狂。放学回家，她有时会先玩一大轮电脑游戏，再慢慢做功课，搞到很晚才睡觉；有时快快把作业做完，然后玩电脑游戏一直到晚上十一二点都不睡觉，弄得第二天早上无法按时起床上学。

我从来不操心昕的作业完成情况，但我会注意她每天晚上的就寝时间。在晚上，她的房间门基本上是关着的，但只要看到她房间的门缝里透出亮光，我就知道她还没有睡觉。当我发现她有几次深夜因为玩电脑游戏没有睡觉时，我就对她说："玩电脑游戏不能影响睡眠，如再有类似事情发生，我一定会采取措施控制你玩电脑游戏的时间。"昕知道我一向是"言必行，行必果"的，所以没有和我争辩。

可是没过几天，她玩电脑游戏又玩到深夜。我问她为什么要玩到深夜？她说她在网上和住在加州一些不认识的电脑游戏网友约好晚上一起玩电脑游戏。我们住在美国东部，与加州有三小时的时差。我们这儿晚上的十二点是加州的晚上九点，难怪昕要玩到深夜。既然我有言在先，我就给家里的计算机设了一个只有我知道的密码，昕每次要用计算机，都得经过我同意。平时，昕每天放学回家的时间比我下班要早，但她得等我回家后才能用电脑做功课或玩游戏。我知道这样做会给昕做作业带来诸多不便，但为了她好，我只能如此。

这样，我和昕相安无事又过了几个星期。当我正在为自己找到了有效的控制办法而暗自高兴的时候，新的情况出现了。有一天，我稍微提前了一点时间下班回家，发现昕坐在计算机前，正在聚精会神地玩电脑游戏。当她看见我的时候，已经来不及关上计算机了。我立刻意识到，昕玩电脑游戏已经上瘾了。为了继续玩电脑游戏，她竟然"破译"了我的密码，抢在我下班回家之前偷偷地玩。她这样做也许已经有好些日子了，而我还被蒙在鼓里。我很恼火，气得真想把计算机从她房间的窗户扔出去。我严厉地批评了昕，并扬言：道高一尺，魔高一丈。如果她继续如此痴迷玩电脑游戏，每天不好好休息，影响学习，我每天上班都会把计算机的电源线带走，下班才带回家来。这样，即使她知道了我设的密码也没有用。

表面上看来，我可以简单地以强势迫使女儿就范。其实，这场控制与反控制的“战斗”一直在暗暗地进行着，彼此斗智斗勇，各有高招，谁也无法取得最后的胜利。“暗斗”之余，我有时也会找昕一起坐下来，心平气和地跟她交流对玩电脑游戏的看法。她用很诚恳和无辜的眼光望着我说：“你们大人不能把玩电脑游戏说的一无是处，一棍子打死。其实，我从玩电脑游戏中学到了很多东西，交了不少的朋友。”昕还说，她在玩电脑游戏的过程中遇到了来自各界的人士，如大学研究生、搬运工、家庭妇女、耶鲁医学院的麻醉科教授、律师等，他们一起在游戏的世界里互相交流、协调合作，挑战共同的目标。昕的这番话引起了我的深思：现在时代不同了，高科技迅猛发展，孩子们接触的新事物远远超出了我们的想象。我们这一代人生不逢时，在孩提时代没有碰上计算机这样的好东西。可我们小时候课后也贪玩啊！男孩子爱玩捉迷藏、打仗、打弹弓、弹玻璃球；女孩子爱玩过家家，跳橡皮筋、跳方格等，这与今天的孩子们课后爱玩电脑游戏并无本质上的区别。如果我们小时候有电脑游戏玩，也许我们玩得比女儿他们这一代更疯狂呢。这样一换位思考，我对孩子们热衷于玩电脑游戏也就多了一份理解和同情，从而我的态度也开始有所转变。我觉得，只要不玩得太过分，不影响正常的作息时间和学习，我应该对孩子玩电脑游戏持中立态度：既不反对，也不支持。昕知道了我的立场后，也尽量不去触及我的底线，大家各有所得，“井水不犯河水”，后来连续几年都没有因为玩电脑游戏而发生过矛盾。

然而，“树欲静而风不止”。昕上十一年级下学期时，为了让她早日接触社会，培养她的独立精神，我们给了她一辆旧汽车和帮她办了一张信用卡。昕在考取了驾照后，就可以自己开车上学和去参加课后的体育训练和比赛，不再需要我们接送了，节省了我不少时间。当然，她没有工作收入，她的信用卡是由我还款的。我相信昕不会乱花钱，所以她基本上可以自由使用她的信用卡购物，我也只是每月收到信用卡的账单时浏览一下，查对一下每一笔开支的数目。

一次，我突然发现信用卡的月账单上有一笔付给美国加州一个公司十美元的开支，虽然钱的数目很小，但这个公司的名字是第一次出现在信用卡的账单上。不用多说，我几乎肯定这是昕的信用卡付的款。于是，我拿着账单去问昕，她马上承认那是她的开支。原来，这十美元是她玩电脑游戏的月费。加州的那个公司在网上提供电脑游戏的服务，缴交月费成为会员后就可以用其服务系统玩各式各样的电脑游戏。这些游戏可以一个人单独玩，也可以由多名会员自由组队集体玩。该服务系统还会根据每个人玩电脑游戏的输赢场次来定出其累计的技术等级分。每个玩电脑游戏的人都想力压群雄，尽快拿到最高的等级分。

我觉得这样的玩法不值得提倡，我的中立态度开始转为反对了。我让昕马上停止付玩电脑游戏的月费。昕却可怜巴巴地对我说，月费不多，仅仅是十块钱而已，可最让她心疼的是：经过一番艰苦卓绝的奋斗，她的等级分已经几乎到顶点了。如果一旦停止缴费，她的会员资格就会被立刻取消，她那好不容易才得到的顶级等级分也会马上清零，即使她以后重新缴交月费成为会员，也只能从零等级分开始一步一步往上爬。

听了昕的话，我不得不佩服那家提供电脑游戏服务的公司，原来电脑游戏里蕴藏着无限的商机，难怪孩子们会玩电脑游戏成瘾。作为一名反对打电脑游戏的家长，我此时才深深地意识到：我不仅仅是在和女儿角力，更是在和整个电脑游戏的工商业界角力。这根本就是一场我无法打赢的仗啊！

昕玩电脑游戏的技术相当好，等级分一下清零确实有点可惜。我想，只要她处理得好，我应该对她网开一面。但我心里却有更深一层的考虑：昕是一个有独立思考能力，有很强的上进心、自尊心和自信心的孩子，用压服的方法对她往往会适得其反。如果要她彻底放弃玩电脑游戏，我除了晓之以理、动之以情外，更必须做好充分的心理准备，有足够的耐心等待她自己大彻大悟。只有她自觉自愿地戒掉玩电脑游戏，才能一劳永逸，从根本上解决我们父女之间长期以来的拉锯式的“战争”。

至于昕玩电脑游戏的水平，她曾给我讲了一个相当有代表性的小故事：当昕在微软做暑期学生工时，她常利用午饭后的休息时间玩玩游戏机，放松一下。有一天，昕正在她的办公楼一楼的大厅里玩游戏机消遣，有一位貌似华裔的微软男工程师加入一起玩，自动成为昕的对手。他们玩的是一个一对一的肉搏战游戏，交手不到十秒钟，昕就知道这人不是她的对手，决定只用最基本的攻击战术而不用绝招去跟他较量。昕很快就把那位男士打败了，也许是因为觉得败在了一位女生的手里很没面子，那位男士十分懊恼，竟用普通话自言自语地说：“唉，输给了这个鸟人。”昕听后微笑着用普通话回答他说：“对不起，不好意思呵。”听了昕的话，那位男士睁大了眼睛，惊讶得半天没回过神来，他万万没有料到昕不但听得懂普通话，而且还会说。他十分尴尬，用英文说了一声“sorry”，就不好意思地匆匆离开了。

昕上了麻省理工学院读书后，我发现信用卡每月的账单上还是有那十块钱的电脑游戏会员费出现，就打电话婉转地和昕商量说：“你已经上大学了，功课很忙，也没有时间玩电脑游戏，现在是否可以考虑取消该项开支呢？”她回答说：“我有时学习累了的时候，可以从电脑游戏中得到休息和调整，所以现在还不想这么快停止我的会员资格。”我想，既然我已经等了两年了，就按“既定方针”办，继续耐心地等下去吧，解铃还须系铃人。

在昕大学二年级即将结束的一天，我突然惊喜地发现那十块钱的电脑游戏月费终于在信用卡账单上奇迹般地消失了，我连忙打电话与昕核实。原来，她因为玩电脑游戏，一度影响学习，有一门课的学习成绩下滑，于是她猛醒过来，决心再也不沉迷于玩电脑游戏，并自动停止了她的电脑游戏会员资格。奇迹终于发生了，真是“老天不负有心人”，我高兴地对昕说：“为了这一天的到来，我已经整整等了你四年！”

从此以后，昕极少玩电脑游戏，真的是“戒毒”成功了！她不但自己戒了“毒”，还设法帮助一些沉迷于电脑游戏的大学同学“戒毒”。升大三时，所有的同学迷上了新出版的电脑游戏《魔兽世界》（英文：World of Warcraft），为了玩这个游戏而熬夜、旷课、废寝忘食，甚至因睡过头误了考试，耽误了毕业。而此时的昕已成为玩游戏上瘾的“过来人”了，她有免疫力，不再会受到电脑游戏的诱惑。同时，她对他人狂玩电脑游戏的行为更是见怪不怪了。

36

学 中 文

昕六岁在中国上小学一年级，读完二年级上学期就到了美国，只学了很少的一点中文，读、写的能力很差。所幸的是她已经学会了汉语拼音，掌握了用拼音字母查新华字典的技能，这对她在美国学习中文提供了极大的方便。

昕从小就热爱中国。出国后，我们也经常跟昕讲，不管我们在哪里，我们都不会忘记自己是一个中国人，我们的根在中国。我们的言传身教慢慢地在女儿的心里潜移默化，逐步生根发芽，使她的爱国热情不断高涨。每当电视现场转播中美两国的体育赛事时，昕不管双方实力如何悬殊，一律为中国队加油，希望中国队赢。对中国有了感情，学中文自然就有了动力。

昕在美国上小学三年级下学期时，我们家搬到了纽约州的罗切斯特市。为了满足孩子们学习中文的需要，罗切斯特市的中国家长们决定开办一所中文学校，由家长们担任老师，利用每个周末的星期六教孩子们学习中国文化。

经过一番努力，我们成功地创办了罗切斯特中华语言学校。我们从中国驻纽约领事馆教育处领来教材，根据孩子们的不同年龄和中文水平开办了几个中文班。教授的课程有汉语拼音、语文阅读、汉字书写、唐宋诗词、中国象棋、毛笔书法等。昕被分在了中文学校的最高班，她和她的伙伴们每周星期六都兴致勃勃地上中文学校学习，中文水平不断提高。我除了负责中文学校的一些教务事务外，还兼任了教唐宋诗词和中国象棋等课的老师。1995年，我担任了中华语言学校的校长，并代表学校出席了在美国俄亥俄州哥伦布市举行的第一届全美中文学校校长大会，在会上还上台介绍了我们学校开展中文教学的情况和经验。

女儿他们这一代生活在美国的中国孩子，大多数在家里受到的是中国文化的熏陶，而在幼儿园或学校里接受的是西方文化的教育，他们的价值观受到了两种文化的影响。很多时候，这些孩子在中文课堂上发表的意见会让老师始料未及，哭笑不得。例如：在学习“屈原投江”的课文时，有的孩子就评论屈原说：“既然皇帝待他不好，他为什么还要为皇帝服务？他投江不是为国而死的，是他自己小心眼。”在讲“孔融让梨”的故事时，老师在课堂上问孩子们：“如果你是孔融的话，你会拿大的梨还是小的呢？”有的孩子举手回答说：“我会先拿小的，吃完了不够再吃大的。”在课堂上，老师让孩子们讲“卖火柴的小女孩”读后感，有的孩子说：“冬天真冷呀，千万不要去卖火柴啊！不然你会被冻死的。”有的说：“如果冬天我们看到有小女孩卖火柴，我们一定要买她的火柴来救她呀！”凡此种种都说明了孩子们无法正确理解中文课文想讲的道理，他们阅读课文后得出的结论也与课文想达到的教育目的不同，有的甚至是相反的。所以，我们在教孩子学中文的同时，还要经常向他们讲中国文化的道德观和价值观，了解孩子们的想法，帮助他们分清是非。我们也希望他们能继承和弘扬中国文化。

由于缺乏语言环境，生活在海外的中国孩子要学好中文难度很大。为了给女儿创造中文语言环境，我们坚持在家里和昕讲普通话。每次因大人转换工作而搬家，我们都会让昕在新的地方继续上中文学校，持之以恒，决不放松。

经过近十年的中文学习，昕的中文听、读、写能力都有了显著的提高。在昕高中毕业那年，她主动提出了要报考美国的单科“高考”——中文SAT-II考试。我们当然是推波助澜，大声叫好啦！

结果昕不负众望，考了个800分的满分。我对昕的出色表现由衷地高兴，多次在朋友面前提起她的这个满分。昕对我的做法却不以为然，觉得不值得一提，但我却为她的这个满分感到骄傲。这也是我唯一向熟人、朋友炫耀的事情。作为一个在美生活了多年的中国人，我对中华文化的特殊情感是女儿他们这一代人所难以完全理解的。

昕在麻省理工学院读的是计算机专业，尽管功课压力很大，竞争很激烈，但她学习中文的愿望反而更加强烈了。在大三的第一学期，昕报名修一门中文高级班课程。任课的女教师为了测试昕的中文水平如何，让她读一篇中文文章。尽管她读起来磕磕巴巴的，那位女教师还是说：“你的中文超过了班上大部分同学的水平，如果让你同他们一起上这门课对他们不公平，所以我不能让你修这门课。”为了提高自己的中文水平，昕不管那么多，这个班上课时她照样还是坐在课室里听课。那位任课的女教师发现昕“赖”在她的班上不走，就对她说：“你来上课也没有用，我是不会给你成绩的。”昕看到老师的态度很坚决，无可奈何，只有“好汉不吃眼前亏”，不再去上那门中文课了。

虽然大三第一学期想修中文课碰了钉子，但昕没有气馁，继续寻找机会达到自己的目的。大三的第二学期，她得知有一门更高一级的中文班开课，任课老师是一位男士，便马上去报名。结果，昕“顺利”地通过了老师对她的中文水平的摸底测试，终于如愿以偿，以正式学生的身份坐在课室里学中文了。

在中文班里，昕对学习中文饶有兴趣，如饥似渴地学习。昕第一次接触到一些文学作品，常常打电话回家和我讨论。我出国留学较早，从未听过“乡土文学”和“寻根文学”这些文学流派的名字。反过来，倒是昕向我详细地讲述了这两个流派的来龙去脉及其有代表性的作品和作家，填补了我在中国文学这方面的一个空白。我又惊又喜，万万没有想到女儿居然也有教我学中文的时候！

为了加深对中国文化的了解，昕还修了一门名为“亚洲电影文学”的课，任课老师是一位女教授。在老师的安排下，昕和她的同学们先后看了《大红灯笼高高挂》、《霸王别姬》、《红高粱》和《活着》等在世界上有影响的中国电影。昕还特地打电话回家，问了我一些中国“文化大革命”的历史背景和有关“伤痕文学”的问题。幸好我出国前曾读过刘心武老师的《班主任》和卢新华先生的《伤痕》等几篇文章，并一直关注当时的报纸杂志对“伤痕文学”的讨论，所以讨论起“伤痕文学”来还能和女儿侃大山，女儿对我的解答也比较满意。

昕在中文班写作文时，以她在亚洲电影文学课看过的几部中国电影为题材写了几篇电影观后感，其中的一篇是：

我对《大红灯笼高高挂》这部电影的看法

只有中国导演才会编出像《大红灯笼高高挂》这样的悲剧。为什么几乎所有得奖和有名的中国电影都含着那么沉闷的主题？电影刚发行的时候，还规定不允许在国内放《大红灯笼高高挂》。不能在中国放的电影只好在国外放最保险，反正外国人也看不出什么政治问题。

其实这样才糟糕呢！外国观众只能从最浅的角度去理解《大

红灯笼高高挂》，结果他们对中国社会产生了完全错误的印象。为什么今天西方电影里的中国人物还始终是戴着三角形的小草帽、梳着小辫子、拉着小拉车、穿着旗袍或者坐在轿子上回四合院儿的样子呢？可能是因为外国人只能通过《大红灯笼高高挂》里面描述的落后的中国社会来了解中国文化。《大红灯笼高高挂》从故事表面上看是在描绘女人在中国封建社会受到的压迫，可是我认为张艺谋是想让观众了解权力对人的影响。

《大红灯笼高高挂》里面的陈左迁、红灯笼和脚按摩都代表权力。观众根本不知道陈左迁到底长得什么样子，因为张艺谋从来不给我们看陈左迁的近镜头。观众也不需要更加了解陈左迁，他的存在制定了四个太太的生活目标。为了红灯笼和脚按摩，卓云搞阴谋诡计、梅珊假装生病、颂莲假装怀孕以及害死了她的佣人。梅珊是一个思想比较现代化的女人，她想尽办法去寻找自己的爱人，可是最后她被吊死了。颂莲上过半年大学，她是一个比较有文化的女子，可是最后被逼出神经病来。卓云是条诡计多端的毒蛇，但是她一边使坏、一边规规矩矩地遵守陈家的习惯。最后，我们看到两个好人败在了一个坏人的手里，而我们怪的应该是她们的生活环境和陈家的权力系统。

可惜，我们的外国朋友看完《大红灯笼高高挂》以后恐怕只会问一句："中国的男人一般娶多少个小老婆？"

昕不但在学校里积极学中文，还要求我每次和她打电话时讲粤语，因为她想练习自己小时候在中国南方讲过的广东话。

硕士毕业后，昕加盟了一家“发芽公司”。由于该公司设计的硬件分别由中国大陆和台湾两家厂商生产，公司负责硬件设计与质量管理的工程师经常要和这两个厂家的代表发电邮、开电话会议沟通生产方面的事宜。因为语言交流方面的障碍，那位工程师工作起来往往是事倍功半，有时双方甚至还产生了误会，搞得他焦头烂额，狼狈不堪。他对昕说，有时电话的那一头传来整整五到十分钟的中文对话，但他一头雾水，而厂家的英文翻译只用英文对他说了“不行”两个字来“解释”。

当他知道昕会中文时，每次他和厂商开电话会议时都邀请昕参加。在这些会议上，昕的中文能力大放异彩，使双方的沟通、理解畅通无阻，也大大缩短了原定的开会时间，提高了双方的工作效率。那位工程师非常高兴地对昕说：“谢谢！以前向厂家来回发几十甚至几百个电邮都解决不了的事情，有了你的帮助，开一次会就全解决了！”

37

半夜电话

在昕读大三那年冬天的一个晚上，天气非常寒冷，天空飘着雪花，我十点左右上床睡觉，很快就进入了梦乡。当我睡得正香的时候，突然被一阵清脆的电话铃声吵醒。我揉揉睡眼惺忪的眼睛，看了看床头的电子钟，是半夜十二点钟左右。

有谁会在半夜三更打电话来呢？可能又是那些卖广告的骚扰电话吧？我一边纳闷，一边随手拿起了床头的电话。电话那头传来了昕急切的声音，她说："对不起，这么晚打电话给你，影响你睡觉了，但我有事想和你聊。"我知道女儿这个时间打电话来，一定是有急事，马上回答说："不要紧，什么事？你说吧。"昕一下就哭起来了，说她有一门计算机课的作业规定要在明天早上十点钟前交，可她现在连一个字也写不出来，也不知从何处着手去做这个作业，心里十分慌乱和焦急。听了昕的话，我一下子睡意全无，连忙关切地问她是怎么回事，我怎样可以帮助她？我还安抚她说，如果是与我的专业有关的，我很愿意跟她讨论一下。但她却说那是一门计算机专业课的作业，俗话说"隔行如隔山"，对女儿的困难，我爱莫能助！

正当我不知接下来如何去安慰她时，我突然想起我在美国读研究生时，学校有一项规定：允许学生在学期的期中之前办理停修某一门课的手续，而这门停修的课不会在学生成绩单上留下任何分数记录。这项规定的好处是：如果一个学生在修了某门课一段时间后还觉得有困难，他不需要向校方阐述任何理由，就可以办规定的手续停修该门课；他如果以后要再修这门课，按正常注册手续办即可。

“有办法了！”我对昕说，“你就停修这门课好了。”昕听了我的话后，立即用坚决的口气说：“我可不想半途停修这门课，因为这关系到我个人自尊心的问题。”我一听就有点不高兴了，心想：你哭哭唧唧地叫苦，建议你停修你还死要面子，那你自己说咋办吧……虽然心里在抱怨、着急，但我还是尽量不流露出对她的不满情绪，心平气和地对她说：“你觉得搞不定这门课，又不愿意停修，我又无法在你的专业上帮上忙，那你说怎么办吧？”我说完后，在电话那头的昕半天没有吭气，我意识到：其实女儿心里早就明白我是无法在此事上帮她的忙的，她只是心里过于紧张和积压了太多的压力，急需找人诉说来排解、释放而已。在这种时候，我的态度比我为她想出的解决办法更加重要。于是，我就说些委婉的安慰话，叫她不要着急，作业既然做不出来就干脆先睡一觉再说……听了我安慰她的话，昕终于停止了哭泣，心情慢慢地平静了下来。她对我说：“对不起呀，爸，半夜吵醒你了。你明天还要上班，赶快睡觉吧，让我自己想办法解决好了。”当我匆匆地叮嘱了昕几句话把电话挂上时，已经是深夜一点多了。

打完电话后，我再也无法入睡了，思前想后，忧心忡忡，担心女儿明天早上十点前无法交出作业……我进一步问自己：我们鼓励女儿上麻省理工学院会不会是一个错误的决定？会不会害了她呢？

早在昕进入麻省理工学院之前，我就听到了麻省理工学院的学生自杀率很高的传闻。据有关报道，美国全国大学生的平均自杀率是每一万人中有7.5人；麻省理工学院学生（包括本科生和研究生）的自杀率是每一万人中有10.2人，其本科生的自杀率更是每一万人中高达20.6人。麻省理工学院学生的自杀率在全美大学中可谓是名列前茅。为了防止学生自杀事件发生，麻省理工学院增加了学校学生咨询部门的工作人员人数，并延长了该部门向学生提供心理咨询等服务的时间。

昕在麻省理工学院读书期间，有一个韩裔学生在校园自杀身亡，其家长把麻省理工学院告上了法庭。当然，学校碰到这类官司不止一次，对这种官司早有准备，所以那个韩裔学生家长胜诉的可能性是微乎其微的。

麻省理工学院校内有这样一个人人皆知的传言：如果一个助教用红颜色来批改学生作业的话，该助教就必须为学生的自杀事件承担50%的责任。虽然这个传言让人有点“谈虎色变”的感觉，但它说明了人们不惜做出过度的反应来防止学生自杀事件发生。

与昕打完那个半夜的电话后，我们有相当一段期间没有再联系了。后来当我们有机会再通电话时，谁也没有主动提起那天半夜打电话的事情。

到学期考试结束后，我才向昕提起了那个半夜电话，问她修的那门课最后得了什么成绩。她若无其事地告诉我，打完电话的第二天早上，她醒来时就有了解题的思路，而且最后的总成绩得了个A。天啊，她居然还得了个A！早知今日，何必当初呢！她那个半夜来电害得我几乎是一夜没睡，第二天上班时头昏脑涨，哈欠连天！

经过这次半夜电话事件后，我郑重地对昕发表声明说：“我对你学业的要求是平均分达到C或C以上，加上活着毕业。”昕听后用带着不满的口吻笑着对我说：“你把我想得这么差，对我这么没信心？！”

女儿从小很好强，我觉得，“响鼓不用重捶敲”，反向的激励往往会更加焕发起她的斗志。我也明白，作为家长，我要尽可能对自己女儿的能力做出客观、正确的评价。孩子上名校固然是件好事，但如果孩子不具备上名校的实力，还不如不上名校，否则会适得其反。俗话说：“不是金刚钻，就不要揽瓷器活儿”，每个人都应该按照个人能力的大小在社会里找到自己的相应位置，不要勉为其难。

38

“奇葩”教授

麻省理工学院是一所世界著名的高等学府，人才济济，硕果累累。迄今为止，在它的教职员工和毕业生中一共产生过八十一位诺贝尔奖获得者。在麻省理工现任的教学队伍里，有九位教授和一位员工曾获得了诺贝尔奖。地球上仅有的四名曾登陆月球的宇航员，全部都是麻省理工学院的毕业生。

有人问麻省理工学院最不缺的是什么，麻省理工学院最不缺的就是绝顶聪明的人。在校园的课室大楼里，实验室里，学生宿舍里，教授办公室里，餐厅里，等等，到处都是高智商的教授、学生和员工。

智商极高的人往往都有非常独特的思维方法和处事方式，他们的一些“怪癖”也不易被他人所理解。所以，在麻省理工学院遇到“奇葩”的人是一件常见的事情。昕在计算机系修课时师从的莫里斯博士就是一名“奇葩”教授。

莫里斯博士是昕在麻省理工学院最欣赏的教授之一，她读本科时就充满兴趣地修了莫里斯博士教的每一门研究生课。

莫里斯博士在他教的计算机操作系统课时给大家布置了一个期末项目作业，要求每一位学生完成了自己的项目后，在课堂上向全班演示自己设计的系统。当昕在班上演示她所设计的多核心系统的计算速度时，她随口举例说，“假设我们想用强力去破解密码的话……”，说到这里，昕刚好跟莫里斯博士互相交换了一下眼神，只见莫里斯博士叹了一大口气，一边摇着头，一边尴尬地轻笑着，将头埋进了自己的臂弯里……下课后，很多同学对昕说，你在演讲中讲的那句“用强力去破解密码”的话真妙，它触动了莫里斯教授心里一个敏感的痛处。听了同学们的话，昕还是感到莫名其妙，不知道他们指的是什么。后来再一打听，才知道原来莫里斯教授年轻时有过一段非常奇特、鲜为人知的经历。他曾经制造过一种后来被人们以他的名字命名的“莫里斯蠕虫”肆虐全世界的计算机程序，而用强力去破解简单的密码正是“莫里斯蠕虫”通过网络入侵计算机的一种伎俩。

莫里斯先生1965年出生于一个美国家庭。他在著名的哈佛大学本科毕业后到“常春藤联盟”之一的康内尔大学读研究生。1988年11月2日，这位康内尔大学的在读研究生为了掩人耳目，选择了从麻省理工学院的计算机系统释放出他所研发的“莫里斯蠕虫”。该“蠕虫”是世界上最早通过互联网传播的计算机病毒之一，其主要的攻击目标是大型的计算机系统。

从莫里斯先生的“潘多拉”盒子里释放出来的“莫里斯蠕虫”通过互联网迅速传播，许多与互联网连接、安全系统不够完善的计算机系统受到了该“蠕虫”的入侵后运行缓慢或停止运行。该“蠕虫”还会在深受其害的计算机里自行复制，通过互联网继续传染、散播给别的计算机。据报道，大约有六千个大型计算机系统感染了“莫里斯蠕虫”，该“蠕虫”造成的经济损失估计在十万美元到一千万美元之间。

1989年，美国法庭以违反美国“计算机欺诈和滥用法”的罪名起诉莫里斯先生，他是美国第一个因此罪名而被起诉的人。据报道，莫里斯先生在法庭上为自己辩护时说，他这样做的动机是为了用他所发现的计算机系统安全保护方面的缺陷来揭示计算机网络现在所采用的安全措施是不够好的。

1990年，法庭判他有罪、缓刑三年，罚款一万零五十美元及承担对他监管期间的所有费用。在缓刑三年期间，他必须为社区做四百小时义工。莫里斯先生对法庭的判决进行了上诉，但被上一级法庭否决了。1994年，年轻的莫里斯先生服完了三年的刑罚。

具有讽刺意义的是，莫里斯先生的父亲曾经是美国贝尔实验室的一名计算机科学家，后来成为美国国家计算机安全中心的首席科学家。

1995年，莫里斯先生和朋友保罗成立了一家计算机软件的“发芽”公司，专门为建立网售商店者提供软件。三年以后，他们把这家“发芽”公司以四千八百万美元的价格卖给了雅虎公司，后者把这家“发芽”公司改名为“雅虎！商店”。

1999年，莫里斯先生在哈佛大学获得了应用科学的博士学位，并被麻省理工学院聘为助理教授。2005年，莫里斯博士和几位友人一起成立了一家新型的“发芽”投资公司，专门帮助刚刚成立新公司的企业家们参谋各种业务问题。2006年，莫里斯博士被麻省理工学院聘为终身教授。

波士顿科学博物馆展示的“莫里斯蠕虫”源程序硬盘（图片来源：该博物馆网站）

“水能载舟，亦能覆舟”，这正是“奇葩”教授莫里斯这段传奇般经历的最好写照。美国波士顿科学博物馆收藏了存有“莫里斯蠕虫”源程序的硬盘，并把它放在博物馆的展览厅里供人们参观，“奇葩”教授莫里斯的这条“莫里斯蠕虫”被永远载入了科学发展的史册。

无独有偶，昕的大学同学安丽则有机会遇到了一位与莫里斯教授不同类型的“奇葩”教授。安丽和昕一起修这位教授教的一门电机工程的基础课。一次，安丽在学习上碰到了不懂的问题要向这位教授请教，就与他约好了时间到他的办公室去讨论。

当安丽应约到这位教授的办公室，坐下来开始讲述她的问题时，只见这位教授半闭着双眼，脸上毫无表情，翘着双腿坐在桌子边上静静地听着，一言不发。安丽好不容易才详细地讲完了她的问题，可那位教授却闭着眼睛，仰头向着天花板，两只手插在裤兜里，一边耸肩摇头，一边慢条斯理地说：“我不明白你为什么会不懂这个问题？”同时，他的脸上露出一副大惑不解的样子。在他看来，这是一个再简单不过的问题，你不应该不懂。听了教授的话，安丽马上改用另外几种不同的方法来解释自己的疑难点，但那位教授的态度依旧不变，安丽当场愣在那里不知道该说什么好。

在麻省理工学院这个充满了聪明人的校园里，如果你说懂，那是应该的、正常的；如果你说不懂，那是奇怪的、不可理解的。与“奇葩”的天才打交道，绝不是一件容易的事。

计算机系的罗恩·理维斯特博士因为在计算机网络安全领域有很高的知名度而被大家认为是一名“奇葩”教授。世界著名的RSA是最早被人们广泛使用的一个公共网络加密系统，理维斯特博士是这一密码系统的发明者之一。这个系统的名字是由每一位发明者名字的第一个字母组成的，而理维斯特博士就是RSA里带头的“R”字。

随着高科技的计算机和互联网的不断发展，各种人为制造的计算机病毒层出不穷，瘫痪和破坏了成千上万计算机，给社会带来了极大的危害，因此麻省理工学院的计算机系开设了一门非常热门的专业课——计算机网络安全。这门课教的是防范、消灭计算机“蠕虫”及病毒的技术和方法。

主讲这门课的教授是世界有名的计算机网络安全专家理维斯特博士。

昕读大四时报名修这门课。凡是修这门课的学生，都必须在上第一节课前在一份保证书上签字，保证不会用在这门课学到的知识去制造计算机“蠕虫”或病毒，否则甘愿受到法律的制裁。不言自明，一旦你知道了如何防范和消灭计算机的“蠕虫”和病毒，你也就知道了如何制造和产生它们了。所以，校方对每一个报名修这门课的学生都进行道德品行方面的审查，审查及格者才会被批准修这门课。

通过修理维斯特教授的这门课，昕学到了很多新知识。理维斯特教授在保护计算机网络方面的渊博知识和他的精湛的讲课艺术赢得了昕和她的同学的尊敬，他们希望将来有机会能把理维斯特教授所传授的知识用在工作上，成为一名计算机网络的安全卫士。

39

学生“黑客”

有天才的老师，就有天才的学生，这是麻省理工学院的真实写照。麻省理工学院的学生们在学习的高压下仍然学有余力，他们忙里偷闲，运用他们超人的聪明才智和创造力制造各种各样别出心裁的恶作剧，使之成为麻省理工学院校园一道亮丽的风景，为校园生活增添了很多幽默、风趣和欢乐。

恶作剧是麻省理工学院学生的一个传统，人们把搞恶作剧的人称为“黑客”（英文：Hackers）。据有关报道，麻省理工学院的“黑客”活动可追溯到1961年甚至更早的年份，而在著名的“黑客”中，有两位分别名叫理查德·费曼和乔治·斯穆特的学生在毕业后还获得了诺贝尔奖。麻省理工学院的博物馆曾经设有一个名叫“黑客之家”的大展厅，专门收集、展览了很多“黑客”文物和文献供游客参观。

“黑客”们的恶作剧可以发生在校园内的任何地方，特别是那些校内标志性的建筑物，例如：有“大圆顶”之称的学校行政办公大楼，有“小巨蛋”美名的七号楼，著名的绿色建筑塔等。麻省理工学院有几个非常经典、令人瞠目结舌的大型恶作剧闻名全美国、全世界，“黑客”们在这些大型的恶作剧中展示出来的无与伦比的创意和技术能力常常让人们捧腹大笑，叹为观止。

昕在麻省理工学院读硕士那年的9月11日早上，她和她的同学突然看见有一辆麻省理工学院消防队的红色消防车出现在学校行政办公大楼的圆顶上，他们在无比惊讶的同时还感到很纳闷：大家都知道麻省理工学院从来就没有消防队，哪儿来的消防车呢？

原来，是麻省理工学院的一群匿名学生“黑客”变魔术般地把一辆涂上了麻省理工学院消防队标志的消防车“送”到了学校行政办公大楼的圆顶上，以纪念2001年“9·11”恐怖袭击事件五周年。这些聪明的“黑客”们在9月11日前就把那辆“消防车”拆卸下来装箱、打包，然后运到“大圆顶”的顶部，再在9月11日凌晨前把那辆消防车在大楼的顶上重新组装起来。

“大圆顶”招生办公大楼上面的消防车（来源：en/wikipedia.org/wiki/）

其实，这些“黑客”们的恶作剧是以他们的“黑客”学长以前搞的恶作剧为蓝本的，并力求“青出于蓝而胜于蓝”。1994年5月9日，麻省理工学院的一群学生“黑客”精心地把一辆雪佛龙轿车“打扮”成一辆麻省理工学院校园警察局的警车，并在天亮之前把这辆闪着红灯的“警车”停在了“大圆顶”的顶部。“警车”的司机位上还坐着一个身着警服的假人，车里放了一张警察开的“罚单”，上面写着“此处禁止停车”。“警车”里面有一盒香喷喷的甜点心，车的后窗上贴上了一张很大的字条，上面写着“我正在工休时间吃甜点”。当天，美国很多报纸媒体和全国电视都报道了这一新闻，使这一“黑客”的恶作剧成为麻省理工学院校园最著名的“黑客”经典之一而载入史册。

“大圆顶”上面的警车（麻省理工学院博物馆2009 版权）

校方对学生“黑客”的恶作剧既不鼓励，也不禁止，只要他们不触犯法律，不伤害他人和损坏公物，校方就采取“睁一只眼，闭一只眼”的态度。当然，“黑客”们也非常自觉，他们的恶作剧都搞得既漂亮又有分寸，从来没有发生过令人不愉快的事情。麻省理工学院的“黑客”们甚至还把恶作剧搞到了校外的加州理工学院、哈佛大学等大学去。

在消防车出现在“大圆顶”前几个月的一天，加州理工学院的师生员工突然发现他们引以为傲、有一百三十年历史的镇校之宝佛莱明大炮不翼而飞了。一个星期后，那门重达一千七百公斤的大炮却完美无缺地出现在麻省理工学院的校园里。当天正好是麻省理工学院欢迎新生来校园参观的周末，人们都看到了一面写着“呼！”的白旗插在佛莱明大炮的炮口上。炮筒的中部套着一只巨大的铝镀金戒指，那是麻省理工学院的“黑客”们精心复制的麻省理工学院当年的毕业生戒指，戒指上面刻着一只海狸鼠（麻省理工学院的标志性吉祥物——“大自然的工程师”），侧面刻上了校徽、校名、城市和学校标志性建筑以及毕业年限等。佛莱明大炮旁边的石墩上还安装了一块金属制的展品牌子，上面刻着的英文向大家介绍该门大炮在此出现的来龙去脉。原来，麻省理工学院的“黑客”们跑到了4800公里外的加州理工学院，冒充搬运公司工人，用假的搬家公司文件“迷惑”了加州理工学院的门卫，把大炮从美国西海岸的加州运到了东海岸的波士顿。据说，那门大炮的炮口非常温和地对着加州理工学院的方向，似乎在向加州理工学院的同学们致歉、敬礼。

在那个新生参观校园的周末结束时，加州理工学院的一帮学生悄悄地潜入了麻省理工学院校园，企图神不知、鬼不觉地把他们的大炮从麻省理工学院“黑客”们的鼻子底下运回加州去，以向麻省理工学院的“黑客”们显示加州理工学院的学生也不是“吃素的”！不幸的是，他们的“阴谋”被麻省理工学院的“黑客”们及时发现了。“有朋自远方来，不亦乐乎”，麻省理工学院的“黑客”们热情地举办了一个烤肉派对，欢迎和犒劳那些远道而来的加州理工学院学生，感谢他们为了把那门大炮运回加州理工学院而付出的努力。

还有一次，为了庆祝《光环3》游戏出版的首发日，麻省理工学院的“黑客”们偷偷地溜进了哈佛大学的校园。他们把世界著名的约翰·哈佛铜像改扮成《光环3》里的主角“士官长”：在游戏里，这位士官长的名字也叫“约翰”。“黑客”们给铜像戴上了与“士官长”相同的头盔，把在游戏中所用的一杆枪放在它的左肩上，还在它的右臂戴上了麻省理工学院吉祥物海狸鼠的臂章。所有的部件与铜像天衣无缝地融为一体，“士官长”形象的逼真程度简直是到了令人难以分辨真假的地步。

有人问一位麻省理工学院的学生“黑客”：“你为什么在学业繁重的压力下还有精力和时间搞恶作剧？”他说：“对我来说，当一名搞恶作剧的‘黑客’就像参加学校的任何一项课外活动一样，我从中可以学到很多东西、得到很多乐趣，这也是我想来麻省理工学院的主要原因之一。”

40

第一次到微软做暑期学生工

与美国的大学生一样，昕在大三那年放暑假前就积极地联系暑期的学生工作。为了帮助学生找暑期工，很多大学都会在放暑假前搞几次大型的暑期学生工招聘会，组织各种各样的公司来校园摆摊儿。麻省理工学院的计算机专业在全世界排名第一，很多有名的公司都慕名而来，派出有丰富招工经验的团队，在摊位周围安置工艺精美的广告牌及各种宣传资料介绍公司的情况，还摆上琳琅满目的免费小礼品，譬如T恤衫、杯子、笔、钥匙圈等，以吸引大学生前来。显然，各公司都在为物色人才展开了激烈的竞争。

昕一边紧张地忙于功课，一边抽出时间写和发个人履历及暑期学生工申请信，并抽空到她感兴趣的公司的摊位上去面试，当然同时也没有忘记每次都顺手牵羊地拿回来一件T恤衫、一个杯子等礼品。一般来说，公司招聘暑期学生工的方式有两种：一是公司招聘人员在校园招聘摊上对申请人的履历和资格进行审阅及面试后，几天之内以电话、电邮或寄信等方式把结果通知申请人；二是在申请人通过了校园履历审阅及面谈后，公司再通知申请人到公司的所在地正式面试。倘若正式面试成功，招聘公司才会给受聘者发聘书，并在聘书中详细列出工资、待遇等。当然，受聘者可以根据自己的具体情况选择接受或拒绝受聘。

昕在校园的暑期学生工招聘会连续过关斩将，不但顺利拿到了著名的计算机软件公司微软、计算机公司惠普和知名投资集团斯特戴尔的聘用通知，还得到了著名的投资公司高盛邀请她到公司的所在地进行第二轮面试的通知。随后，昕飞到纽约市高盛的总部面试，并顺利过关。

面临着好几个条件优厚的暑期工作，她当时倾向于选择投资集团斯特戴尔，并征求我的意见。我认为，她学的是计算机专业，而微软是世界著名的计算机软件公司，取得在微软的工作经验将会给她的履历增加很大的分量，对将来毕业后找正式工作会有名牌公司的效应，微软应是首选。

投资集团斯特戴尔负责招人的人力资源部经理在面试昕时对她印象极好。斯特戴尔的工作环境很不错，有很漂亮的、现代化的办公室，该公司对技术非常重视，使昕难以抉择，比较纠结。最后，昕在比较、权衡了各方面的利弊后，决定去微软做暑期工。

在放暑假前，昕在学校找了她们系里另外两位跟她关系较好、也得到了微软暑期实习生聘书的同学，一起商量如何安排到微软的住宿和交通问题。那两位同学都是华裔，一男一女；女生妮与昕同级，男生鹿鸣则比她俩高一个年级。经过在网上的一番搜索和比较，他们很快就发现三人合租一个非微软补贴的公寓及一辆有微软补贴的车比较合算，马上就在网上订下了一个无家具的两室一厅公寓。

暑假一开始，昕从学校飞到了西雅图与妮和鹿鸣汇合，开始了她的第一次微软实习生生活。他们三人租的公寓有两卧室和两套浴室厕所，两个女生合住一房；男生鹿鸣住另一间房；厕所男女分开，厅和厨房公用。他们从租借商店租了一些简单的家具，还去商场买了一些刀叉、锅碗瓢盆等。他们住的公寓离微软公司的办公大楼很近，可以走路上班，很方便。

昕到微软工作后，曾给我打电话说，西雅图是个好地方，建议我们搬到西雅图居住。我回答说，我的专业在西雅图不好找工作。她建议我试试西雅图的一家大公司。我抱着碰碰运气的心情，顺手往这家大公司的招工网页送了一份履历，并不指望有什么反应。再说，我和妻子当时的工作和薪水都不错，刚买了新房子还不到两年，根本没有想过要换地方。

谁知，那家大公司收到我的履历后，回信让我到西雅图面试。我不禁喜出望外，真是“天上掉下来个大馅饼”。不管面试的结果如何，我正可趁此机会免费到西雅图看看正在微软当实习生的女儿。8月的一个星期五，我飞到了西雅图，经过四十五分钟的面试后，我居然当天就得到了该公司的聘书。

昕在周六中午开车来旅馆接我到他们的公寓，同住的男同学鹿鸣把他的房间让给我暂住两天，他自己到另一同学的公寓住。周六下午及周日，昕带我参观了微软的一些办公大楼、她的办公室以及公司的周围环境。

微软的总部在西雅图附近的瑞门特镇，公司的地盘没有围墙，掩隐在绿树丛中的几十栋大楼都与镇里的街道相通。任何人要进入公司的大楼，必须在大楼大门的电子识别器前显示有效的员工身份卡。微软在几座大楼封闭式地围起来的中间空地上修建了亭台楼阁、小桥流水、花圃、草地和林荫道，宛如一个漂亮的小公园。有的大楼里面还有装饰优雅的餐厅。大楼的走廊里每隔一段距离就可以看到一个很大的冰柜，里面放着各种免费的饮料、牛奶，任何员工或员工的客人都可以随意拿来饮用。

亲眼看到微软优越的工作环境和昕的舒适公寓，我更加感到她选择来微软当学生工是一个正确的决定。知道昕在这里工作得很愉快，和微软的经理、员工以及其他学生工都相处得很好，学到了很多东西，我真为她高兴！

微软的“大门”

微软办公楼群的一角

微软办公楼间的小湖

微软办公楼间的小桥流水

微软雅致的餐厅

微软餐厅外的风景

微软大楼走廊的免费饮料冰柜

星期天晚上，我邀请昕和她的两位同学一起吃晚饭，他们从网上选了一家坐落在华盛顿湖畔的高级餐馆，大家到那里美美地吃了一顿。星期一上午，昕开车送我到机场乘飞机离开西雅图。

昕第一次在微软做实习生的三个月期间，她的职务是产品项目经理，其主要工作一是设计产品的某个新功能；二是管理具体项目的进度，随时与参加项目的各个部门打交道，协调部门之间的合作，保证该项目能按预定计划顺利完成。昕接到的第一个项目是研究怎样让短信融入下一版本的微软视窗中。当时在美国，发短信的习惯并不普遍，听昕说，微软对短信的兴趣还是根据短信在日本和中国的成功引起的。

时光飞逝，暑假很快就过去了。在微软工作了三个多月，昕不仅学到了新的知识，取得了宝贵的工作经验，还和她在微软一起实习的朋友们玩得很开心。实习结束时，微软的经理们都会以对正式雇员工作表现评估的标准给每一个实习生做一次全面的评定，除了把评定的结果在公司存档外，还用书面的形式通知本人。昕的各项评定都是优秀。8月月底，昕结束了第一次在微软当实习生的工作生活，回到了波士顿继续她大学本科最后一年的学业。

从昕第一次到微软做暑假学生工的情况来看，我们估计她大学毕业后很可能会到西雅图的微软总部工作。为了能和女儿在一起，我们决定举家迁往环境优美、适宜居住的西雅图。当年10月，我接受了西雅图那家大公司的聘书，在辞去了在美国东部的工作后，只身来到了西雅图上班；次年4月，妻子也辞去了在美国东部的工作，来到西雅图重新找工作。我们毅然决然地卖掉了在美国东部才住了两年的新房子，在西雅图地区重新买了一所新房子，经过一番折腾，总算在新的地方安顿下来了。

41

第二次到微软做暑期学生工

在读大四那年，昕就计划在本科毕业后继续攻读本校的计算机硕士学位，并向学校提出了申请。麻省理工学院电机工程与计算机系有一项规定：本系毕业的本科生，若其各科成绩的平均分达到4.25分或以上（满分是5分），只要本人申请，就可以免除所有规定要通过的考试及手续，直读本系的硕士研究生。昕的四年学习成绩平均分过了线，所以她就顺理成章成为该系的硕士研究生。

既然选择了继续留在学校学习，昕就决定利用暑假做学生工，一来可以取得更多的工作经验，二来可以挣点钱帮助家里应付麻省理工学院那昂贵的学杂费和生活费。

大四放暑假前，昕向微软递交了当第二次暑期实习生的申请，虽然微软有了她第一次当实习生期间表现优秀的档案，但还是要求她到西雅图微软的总部面试。因为学习十分繁忙，昕只好利用从学校的所在地波士顿乘飞机去西雅图的几个小时做面试准备。当时，计算机领域有一种叫“C”的计算机编程语言十分热门，很多计算机软件公司面试应聘者时都会考“C”语言的应用。昕从来没有学过“C”，她就“临阵磨枪”，拿了一本“C”语言的书在飞机上一边“啃”，一边用“C”做编程练习。

到了微软面试时，微软负责面试的人员出了一些计算机编程的题目让昕当场解答，昕就用现学现卖的“C”语言圆满地解答了那些题目。当微软那些负责面试的人员知道昕只花了乘飞机的几个小时从零开始学习C语言时，都觉得不可思议。昕的其他一些后续的面试也很顺利，毫无悬念得到了微软暑期学生工的聘书。

因为昕是有工作经验的实习生了，微软这次给她的每月工资比第一次当实习生时增加了几千元，其他的福利与第一次当实习生时基本相同。当微软征求昕对工作安排的意见时，她提出这次想做技术性工作。根据她的要求，微软安排她到视窗安全部门当实习生工程师。该部门负责研发、保护微软视窗及各种软件程序的安全装置、密码等，是微软的要害部门之一。昕对她的新工作很感兴趣，希望在学习和工作的过程中能初试牛刀，检验一下自己在麻省理工学院计算机专业四年来学到的知识和技能。

暑假一到，昕再次飞来西雅图，开始了她的第二次微软暑期学生工生活。这次她选择回家住而不租公寓了。我们家离昕上班的地方有40公里左右，为了方便上下班，她租了一部有微软补贴的车，每天早出晚归，中午在微软的餐厅用餐。

上班伊始，部门经理交给昕一项任务——在新的领域延续微软拥有的一项专利应用。微软持有多年的这项专利提出了一个保护安全密码秘密钥匙的想法，这项专利的主要发明者多年前毕业于美国著名的普林斯顿大学，他在微软已经工作了十多年，是微软一个软件工程师团队的负责人。

昕的同事们知道她接到此任务时，都说这是他们所听说过的实习生项目中最酷的一个。但他们也认为这个项目的难度较大，交给一个工作经验很少的实习生来完成，实在是勉为其难。况且，一个实习生整个暑假在微软的工作时间只有三个多月，要在三个多月内完成这个项目更是难上加难！昕的经理，也是她的实习导师，对她说：“我们觉得我们有办法，我们对你有信心。”

“先投入战斗，然后再看分晓。”拿破仑的这一名言恰如其分地表达了昕当时的心态。“知己知彼，百战不殆”，昕首先准备找那位毕业于普林斯顿大学的主要发明者了解该项专利的来龙去脉，然后再设法寻找解决问题的办法。有的正式员工好心地告诫昕说，那位同事很有本事，但很傲气，一般人不容易和他打交道。昕抱着“三顾茅庐”的精神，几次主动上门虚心诚恳地向那位主要发明者请教，终于得到了他的真诚帮助和建议，使昕节省了时间，少走了弯路。昕在集中精力攻关的同时，还经常与各有关部门的工程师们讨论、研究……

经过一个多月的努力，昕终于找到了解决问题的初步办法。她继续精益求精，多方求证，不断地改进，最后研发出一套简易、实用、快捷、安全的程序，圆满地解决了项目的问题，不但延续了原来专利里的设计，并且把它应用到了新的领域和系统中。当昕把她研发的程序及结果向部门经理和同事们演示和报告后，大家都觉得她研发的程序技术含金量很高，非常棒，达到了预期的目的。

很快，微软的高层管理者知道了昕的工作成果。他们专门安排了一个学术讲座，请昕主讲她如何延续微软那项专利的过程，并演示她所研发的程序的应用实例。昕的学术讲座取得了很大的成功，有三十多位微软的经理和工程师聆听了昕的演讲，他们对昕的工作给予很高的评价。当天，有两个高层经理和主任因为要参加其他会议而不能参加昕的讲座，他们事后另找时间让昕专门给他们讲解和演示。

昕虽然只是微软的一个暑期实习生，但她的出色工作赢得了微软的经理们和工程师们的钦佩和赞扬，有同事说，昕完成了一项他们多年未能完成的任务。

每当昕和我们谈起这件事时，她总是谦逊地说，她在完成这个项目的过程中得到了很多人的帮助，而她找到了解决问题的办法则是运气比较好而已。

在三个月暑期实习临近尾声的一天晚上九点多钟，我们接到了昕的一个电话，说她在微软附近的一个健身俱乐部打篮球时膝盖受了伤，要我们开车去接她回家，并把她的车也开回家。为了不让我们着急，昕说她的伤势不严重，要我们放心。我和妻子急忙带上一些对昕也许有用的东西，开车直奔那个三十多公里外的健身馆。

到了健身馆，昕已在健身馆正门的大厅里等着我们。她坐在轮椅上，笑着对我们说，她和一帮男青年在健身馆的室内篮球场打篮球，打了一个多小时后正要离馆回家，有人又提出了再打一场。于是，昕又回到了场上。她在一次带球过人时转弯转得太急，只听到左膝盖"嘭"的一声响，就知道受伤了，估计是膝盖的前十字韧带撕裂或断了。她的球友们马上找来轮椅，扶她坐上去，在馆内陪着她等候我们的到来。我们看到昕的表情显得挺轻松的样子，悬着的心才放了下来。我们向昕的球友们道过谢后，把昕扶进了我们开去的那辆车里，由妻子开车回家。我则到健身馆的停车场找到昕的车后，开着她的车跟在她们后面。

随后的几天，昕通过在网上查找与膝盖前十字韧带受伤有关的资料以及向微软膝盖前十字韧带曾受过伤的同事咨询，决定去西雅图的一家医院看一位著名的膝盖专科医生。这是一名四十多岁的黑人医生，他曾多次为西雅图海鹰职业橄榄球队的球员动过膝盖前十字韧带的修补和置换手术。经过做X光检查和该医生的诊断，昕的膝盖前十字韧带确诊为100%断了，要做一个从膝盖的外侧取筋腱来重新接上的手术。但此手术要在伤后一个多月，等受伤的膝盖完全消肿后才能进行。

遵照医生的嘱咐，昕在修复手术前要戴着特殊的护膝和拄着双拐走路。幸好昕已基本完成了微软交给她的项目，而且她在微软的实习也即将结束了。昕带着伤坚持上班，完成了她所负责的那个项目的一些后续工作。

在昕即将离开微软之际，视窗安全部门的经理和同事们送了一顶印有微软标志的帽子和一件短袖T恤给昕，并在T恤的正、反两面写下了真挚、友好和幽默的留言。

两次到微软当暑期学生工的经历，昕接触到了美国真正的工业界，得到了很大的锻炼，在学到了不少知识的同时，也初试了牛刀一把，运用自己在学校学到的东西做出了一点成绩。更重要的是，昕在工作中学会和加强了与人打交道的本领，在微软交了很多朋友。她对于毕业后能得到微软的聘用充满了自信。这也是我和妻子在女儿未成为微软的正式员工之前就辞工卖房，义无反顾地搬来了西雅图的主要原因。

42

两次应邀到比尔·盖茨家开派对

众所周知，比尔·盖茨是世界上数一数二的富豪，他创建了世界著名的微软公司，并长期担任微软的总裁和首席执行官，但在微软工作的大部分雇员，也许一辈子都没有机会到他家参加派对。然而，昕却分别在大三和大四的暑假两次应邀到比尔·盖茨家开派对。

每年暑假，比尔·盖茨都会邀请所有的微软暑期学生工到他家开派对——吃烧烤。

比尔·盖茨的家坐落在美国华盛顿州西雅图市附近一个名叫麦迪纳的小镇，他的庄园很大，紧靠着风光迤逦的华盛顿湖，橙黄色的楼房若隐若现地掩映在茂密的绿树丛中。

庄园里各式房子的总建筑面积达6100平方米，其中有一个250多平方米的接待大厅；有一个93平方米，可容纳24人就餐的餐厅；有一个230多平方米的图书馆；有一个150多平方米，24个座位的私人电影院；有一个230平方米的体育馆；有一个3米宽18米长、有水下音响系统的游泳池，还有24个厕所和洗澡间以及6个厨房。

庄园里的所有设计都是出自世界顶级设计大师之手，高科技的设施随处可见。这个庄园花了七年才建成，耗资六千三百万美元。仅2009年这一年，该庄园所纳的房地产税就高达一百多万美元。据估计，比尔·盖茨庄园现在的市值已达一亿四千七百五十万美元。

比尔·盖茨的庄园在湖边还有私人码头、人造沙滩，沙滩上还摆着几把沙滩椅。据说，沙滩上昂贵的沙是特地从中东地区买回来的。

绿树掩映的比尔·盖茨家

华盛顿湖边的比尔·盖茨家

比尔·盖茨家的小沙滩

大三那年的暑假，昕和上百名微软实习生都接到了到比尔·盖茨家开派对的邀请。微软的管理人员还向他们宣布了参加派对的一些规定，其中有一条是不准带照相机和手机。

开派对的那天下午，微软的各级经理们纷纷出动做派对的义务工作人员，实习生们分乘几辆大巴，浩浩荡荡地开往比尔·盖茨的庄园。昕说，当他们的大巴接近比尔·盖茨的庄园时，只见路上来来往往的车辆都是奔驰、宝马等名车，路旁都是一排排漂亮的庄园、豪宅。一切迹象都显示他们已进入了一个富人区。这个镇有名的住户除了比尔·盖茨外，还有亚马逊公司的首席执行官，微软的其他高层经理等。

满载实习生的大巴在一个很大的停车场停了下来，实习生们下车通过安检后，换乘微软公司的小交通车直接开进了比尔·盖茨的庄园。

昕和她的实习生朋友们饶有兴趣地参观了比尔·盖茨庄园的一些主要建筑。在每一座楼房的入口处，他们可以随意选择自己喜欢的音乐、电视节目等，然后在衣服上戴上一个存有这些信息的小别针，就可以在走进每一个房间时听他们所喜欢的音乐和看所选定的电视节目。如果有电话打进来找他们，不论他们走到哪里，只有最靠近他们的电话才会响铃，既不会误了他们的电话，又不会影响他人。室内的灯光会在人进来之前自动打开，而在人离开后又自动地慢慢关上。庄园所有的室内地板和室内外的停车道的温度都是可调的，光着脚板在上面走路也不会受凉。

昕她们看到了各式各样的精美家具，还见到了比尔·盖茨那位那时才八岁的大女儿珍妮弗。最后，所有的实习生来到了种满各式花草、宛如一个大花园的“后院”，只见到处摆满了各种各样的精美食物、饮料，并见到了比尔·盖茨。比尔·盖茨非常平易近人，他一边微笑着与大家打招呼，一边耐心地回答实习生们七嘴八舌提出的一个又一个的问题……

直到黄昏，派对即将结束，吃饱、喝足、玩得高高兴兴的实习生们才乘车离开了比尔·盖茨的庄园。

大四那年夏天，昕再次到微软做暑期学生工。按照微软的惯例，她再次被邀请到比尔·盖茨家开派对。昕第二次到比尔·盖茨家的经过与第一次的基本相同，但有了第一次派对经验和作为一个微软的“老”暑期学生工，她这次是有备而来的。

当所有的实习生集中在“后院”享受着香喷喷的烤肉时，比尔·盖茨来到了他们中间。此时，昕已占据了离比尔·盖茨比较近的有利位置，希望可以与比尔·盖茨零距离地交谈。围在比尔·盖茨周围的实习生们一个接一个，无拘无束地问比尔·盖茨问题……轮到昕时，她问比尔·盖茨：“什么样的事情会让你晚上睡不着觉？”比尔·盖茨稍微思考了一下后回答说：“如果我因为没有抓住一个机会而丧失了那个机会的话，我会老惦记着这件事而睡不着。”接着，另一个实习生有点调皮捣蛋地问道：“那什么样的事情会让你在早上醒过来呢？”……

与和蔼可亲的比尔·盖茨在一起，青葱的实习生们很放松。不一会儿，他们就完全把比尔·盖茨当作他们中的一员了，有的实习生要和比尔·盖茨掰手腕比力气；更有甚者居然想过去搂着比尔·盖茨的肩膀“称兄道弟”。当然，这些行为都违反了微软所宣布的派对纪律，掰手腕被在现场维持秩序的微软工作人员所阻止；而那位要搂比尔·盖茨肩膀的年轻人则被安保人员直接请离了派对现场。

当昕和我在电话中谈到她在比尔·盖茨家开派对的所见所闻时，她还十分感慨地说，她觉得比尔·盖茨看起来有点像那些生活压力很大的人那样，样子显得比她的老爸还老。我一听心里就乐了！真是穷人自有穷人福啊！要知道，比尔·盖茨比我还年轻五岁呢！

43

麻省理工学院的毕业典礼

昕在麻省理工学院学习、生活了四年，在2005年获得了计算机科学和工程的学士学位。学校定于2005年6月3日举行毕业典礼，邀请所有的毕业生家长参加。

这届毕业典礼是麻省理工学院成立以来的第139届毕业典礼。在这届毕业典礼上一共有2177名毕业生，其中有1092名学士，1078名硕士，257名博士和12名工程师。

我和妻子提前订好飞机票，与一住在麻省理工学院附近的朋友联系好到他们家住宿的事宜后，静静地等待着6月3日的到来。

毕业典礼那天的大清早，我们开车来到了麻省理工学院的校园，只见各停车场、马路边都密密麻麻地停满了各种大、小车辆，简直是要找个可以插针的缝隙也很难，更不用说找停车位了！我们开着车在校园里绕来绕去，最后才非常幸运地找到了一个停车位。我们把车停好后就直奔举行毕业典礼的会场。按照学校的时间表，毕业典礼在上午十点整开始，参加毕业典礼的人们在早上七点三十分就可以开始入场了。所有的毕业生在早上七点三十分到会场外的约翰逊体育中心集中排队，等候进入会场。

上午八点多钟，我们凭着学校发的入场券来到了毕业典礼的入口处，通过安检后进入了毕业典礼会场。会场内人头涌涌，毕业生的亲朋好友们穿着整齐，个个脸上挂着微笑，他们坐在椅子上一边聊天，一边翘首以待毕业典礼开始。我们不敢怠慢，赶忙找了两个座位坐了下来。

毕业典礼的会场是“大圆顶”楼前的一个露天大草坪，上面有一排排的折叠椅供观礼者就座。会场的正前方是主席台，校长、毕业典礼演讲者和特邀嘉宾等都坐在主席台上。主席台前面是庞大的学校乐队，会场的两边设置了两个大屏幕用来播放摄像机捕捉的特写镜头画面。

毕业典礼的主席台

夏日的麻省理工学院校园阳光灿烂，和风习习。校园旁边静静地流淌的查尔斯河风景迷人。

上午十点整，毕业典礼的乐队奏起了轻快的进行曲，身披学士、硕士或博士袍的毕业生们在校长苏珊·霍克菲尔德博士的带领下，排着整齐的队伍进入了会场。这时，所有的观众都马上站了起来向毕业生们致贺，掌声、口哨声和欢呼声汇成一片，响彻云霄。

在毕业生进场后，在主席台发表演讲的有：高通公司的总裁兼首席执行官欧文·雅哥布博士，麻省理工学院的校长苏珊·霍克菲尔德博士等。

会场大屏幕：麻省理工学院校长（中间前左）带领毕业生入场

高通公司的总裁兼首席执行官欧文·雅哥布博士是麻省理工学院1959年毕业的校友，是一位电子工程专家。雅哥布博士和他的公司在全世界无线手机的发明和应用上做出了很大的贡献。他和他的合伙人所成立的高通公司位于美国加州的圣地亚哥市，拥有数千名员工，近一千四百项专利，以及多达两千项正在申请中的专利。

最值得一提的是，欧文·雅哥布博士在他的演讲中提到了他与中国前国家主席一起开会的一段经历时说："好吧，既然我谈到了电子化管理政府事务，我想向你们大家、至少是向你们中的一部分人推荐的是：你们要考虑从政，成为一名政治家。再重复一遍，我认为，你们在麻省理工学院所受到的教育已经为你们将来从事任何事业打下了基础。而有趣的是，两年前我去中国，和中国的前国家主席一起开会，他们总是举行这种非常正式的'U'字形会议，我和那位国家主席坐在U字的底端，工作人员则坐在两边。在正式会谈开始之前，我们闲聊了一会儿。你猜猜看，坐在我旁边的国家主席首先会向我提出一个什么样的问题呢？'你认为我们还有多少代人要用摩尔定律呢？’中国的国家主席问道。当我和他进一步讨论摩尔定律时，才知道实际上他原来是一位工程师，和当时的（中国）国家总理一样，是一位电子工程师。我觉得，这种对科技及其应用的兴趣和能力在我们国家也十分重要。不过，当然啦，那样的情况在我们这里是比较罕见的。”

会场大屏幕：欧文·雅哥布博士的演说

校长苏珊·霍克菲尔德博士在演讲中向本届毕业生发出挑战时说：“为了这个国家和世界的前途，你们要把在这里学到的东西运用到你们的工作中去。我们从来没有像今天那样迫切地需要你们发挥更多的天才和技能。”

她还敦促毕业生们问问自己：我可以在什么领域做得最好？我怎样才能改变这个世界？校长苏珊·霍克菲尔德博士最后满怀深情地对毕业生们说：“我对你们有无限的信心。我知道，在未来的年代里，你们将会以我们无法预测到的成就给我们带来意外的惊喜。”

麻省理工学院研究生学生会会长巴润·辛格在其演说中鼓励毕业生们

说："要对非传统的解决方案开放，永葆你们的激情和动力，这是世界的需要，她在等待着你们。"

在所有的演讲结束后，两千多名毕业生有条不紊地依次走到主席台上领取学位证书。当每一位毕业生从校长手中接过学位证书的那一瞬间，由学校指定的摄影师给每一位毕业生拍照，参加毕业典礼的观众是无法接近主席台的。

有时候，当一名毕业生走上主席台时，该毕业生的亲友们就会在观众席上热烈鼓掌，大声喊着那位毕业生的名字，人们完全沉浸在一片欣喜和欢乐之中。

当我们听到主席台上念昕的名字时，我和妻子都激动万分，女儿终于能"活着"从麻省理工学院毕业啦！这块压在我们心头四年的石头终于落地了！

昕上主席台领取学士学位证书时和校长握手

毕业典礼结束后，人们还三五成群的在会场附近聊天、照相。昕和她的几个同窗了四年的好朋友都分别合影留念。

记得在昕读大三期间的一个长周末，我开车到学校去接她回家。在回家的路上，我们聊起了学校的生活。我让她用一句简短的话来总结她在麻省理工学院每一年的经历和体会，她的回答是：第一年设法生存；第二年调整和发展；第三年努力和收获。第四年呢？我猜，她的回答也许会是：积蓄待发和准备走向社会。

第六部

硅谷创业，再攀高峰

44

谷歌的面试和聘书

在读研究生之前，昕已经考虑毕业后的出路了。与她的大多数同学一样，昕在读研究生开始时就紧锣密鼓地为毕业后寻找正式的工作了。

作为计算机专业排名世界第一的麻省理工学院计算机系的毕业生，他们找工作的首选自然是闻名世界的谷歌和微软。昕的同学都认为，昕在微软做了两个暑假的学生工，表现优秀，人缘不错，申请微软的工作应是一件唾手可得之事，成功率极高。但出乎大家预料的是，昕只申请了谷歌的工作而没有申请微软的。她在学校通过了谷歌人力资源部门校园雇人小组的初试后，接到了去加州硅谷谷歌总部面试的通知。

谷歌是美国近年来上升最快的新型公司，其经营理念和模式都代表了当今世界的一种新潮流，是美国大学毕业生最青睐的公司之一。谷歌的股票自公司上市后一直疯涨到四百多美元一股，雇员的工资高，奖金高，福利超好。谷歌试图将公司打造成一个大家庭，它的员工每天上班，在公司的餐厅可享用免费的早、午、晚餐，免费理发，换汽车机油免费。若员工买一辆新的电动汽车，还可得到公司五千美元的补贴。

谷歌2005年在全球有五千多名雇员，大部分都在加州硅谷。每年申请到谷歌工作的人成千上万，而谷歌当时在美国每年只招一百五十人左右，真可谓是“万里挑一”、“一职难求”啊。

谷歌的“大门”

谷歌的主办公楼（43号楼）

谷歌43号楼前的恐龙

谷歌的标志性大楼

2005年10月，昕到加州谷歌的总部面试。谷歌面试的方式是安排六个谷歌人员对应聘者轮流进行考核。如果应聘者面试顺利的话，会遇到更高一个级别的面试者。如果应聘者面试不通过，就无缘高一级的面试了。面试的第一级是谷歌的工程师或产品经理；第二级是谷歌的第一层经理；第三级是谷歌的主任等，如此类推，最后一级则是谷歌的副总裁。

这样的面试不可谓不苛刻，应聘者若稍有闪失，就会在到达面试的最后一级之前折戟沉沙，前功尽弃。昕面试时一级一级往上走，最后面试她的是当时谷歌的精明副总裁玛丽莎·梅耶。她现在是雅虎的首席执行官了。

昕顺利地通过了面试的最后一关，拿到了谷歌产品助理经理职位的聘书。面试后，昕回到学校继续读硕士。一天，她在校园的招聘会见到了谷歌面试她的人员来招聘暑期实习生，就上前去打招呼、聊天。谷歌的人员在闲谈之中对昕说："我们的一个主任面试你以后对你的印象非常好，居然说如果我们不聘你，他就辞职！”

除了谷歌以外，昕也到加州的另一家有名的公司面试。昕在接到谷歌聘书的同时，也接到了这家公司的聘书。两家公司在技术开发方面都相当成功，也非常吸引昕。与硅谷的许多公司一样，它们非常重视争取人才。在激烈竞争人才的情况下，昕从中受益匪浅。她当时倾向谷歌，因为谷歌新发展的产品助理经理计划结合了她许多感兴趣的问题，如技术创作、产品设计、企业精神等。在她面试时遇到的人员里，她印象最深刻的是其中一位会讲十种不同外语的面试者，还有一位是来自深圳正在开拓中国、日本及韩国的搜索和谷歌最初的移动项目的产品经理。

昕从加州飞回了波士顿后，一边修研究生的课和准备硕士论文的题目，一边当助教。原来，为了减轻家里的经济负担，昕在开学前就申请到了本系一门本科生课的助教工作，负责配合教授教课、批改学生作业、上习题辅导课等。作为助教的报酬，昕的研究生学费全免，每月还有一千八百美元的工资，与学校员工享受同等的医疗和牙科保险福利。仅学费和生活费两项，一年就为家里节省了四万多美元。

45

比尔·盖茨的电话和微软的聘书

昕在学校里除了一直忙于学习和助教工作，还为毕业后找工作的事经常飞来飞去，到处面试。令我们纳闷的是，她明明在微软做了两个暑假的学生工，而且干得不错，为毕业后进微软工作打下了良好的基础，为什么一直没有听她谈申请微软工作和面试的事呢？我曾就此事与她在电话里交换过意见，她认为正是这两次到微软工作的亲身经历，让她做出了不申请到微软工作的决定，其中一个主要的理由就是：微软已从一个充满活力、蓬勃向上发展的新公司成为一个规模巨大、业务已走上轨道、全世界数一数二的跨国软件公司了，其管理机构庞大，各种各样的规章制度健全，运营起来惯性很大，不见得有利于新员工的创新和发展…… 所以微软不是她的首选。我虽然在美国职场有十多年的工作经历，先后在几家公司当工程师或部门经理，其中有两家还是全球著名的大公司，但“隔行如隔山”，因为从事的不是计算机方面的工作，故我有自知之明，仅向女儿提供了一些参考意见。

2005年12月，昕飞回西雅图过寒假，并到医院做膝盖前十字韧带手术。手术做得很成功，但术后要做一系列的康复治疗。在家养伤和做康复治疗期间，昕在一个星期五到微软的视窗安全部门去看望她在暑假时一起工作过的同事们，但不巧他们都外出了，于是昕就到其他部门及人力资源部和认识的人们打招呼、问候。

寒假一眨眼就过去了，2006年1月月底，昕回到了学校。一天晚上，她打电话给我，说她回校后收到了她在微软视窗安全部门实习时的第二层经理尤里·伦敦的电邮，谈及希望她参加微软的事宜。昕说，尤里听说她决定只在硅谷找工作，建议她先别急着做决定，放慢脚步，去微软与他面谈。尤里还说他希望昕也能与部门里出色的两位女经理谈一谈：一位是与尤里级别相同的测试部主任，另一位是部门的总经理（来自贝尔实验室，是尤里的第二层经理）。最后他居然加了一句：如果需要的话，也可以请比尔·盖茨出面与昕谈谈。昕把尤里的电邮转发给我，让我看完后再和她打电话讨论怎样处理此事较妥。

看了尤里给昕的邮件之后，我打电话和昕交换意见。昕还是觉得一来学习忙，二来硅谷的工作机会对她有相当大的吸引力，故不愿意耽误微软这么多人的宝贵时间。我则劝她说："你在微软时这些经理们都关照你，看好你。现在他们这么重视你，邀请你去面谈，要是你拒绝他们，情理上说不过去。你应该去微软谈谈，然后再决定，这样会比较恰当。"最后，昕接受了我的建议，2月1日清晨回了电邮给尤里，同意马上到微软去见他们。

微软的人力资源部当天就与昕联系，询问昕的时间安排。昕觉得一天后就去西雅图比较合适，并可以顺便利用星期五面试结束后的周末回家一趟。可能因为时间仓促，微软负责安排行程事务的工作人员无法按昕的时间表订到同一家航空公司的来回机票，便马上订了两家航空公司的单程机票，即便机票价钱贵些，他们还是满足了昕提出的时间和行程。

星期四下午，昕飞抵西雅图，晚上在家和我们一起吃晚饭。饭后我们聊了一会儿，她就开车去微软预订的旅馆住，准备第二天上午的微软面试。

第二天上午，昕如约到微软的视窗安全部门面试。与其他行业的公司相比，软件公司的面试比较刁难人，一般都会当场出各种各样的难题让应聘者解答，常常搞得应聘者穷于应付，狼狈不堪。但因为这里的工程师、经理与昕一起工作过，知道她的能力，所以面试的主要内容是讨论将来的工作项目的问题。尤里对昕说，她在去年暑假研发的那个安全密码软件简单可靠，不仅当时正在研发最后阶段的X-BOX用了这个软件，微软的许多其他产品也准备应用这个软件。目前，大家对这个软件的反应都很好。尤里还对昕说，她可以选择来他的部门或到其他她想去的部门工作。人力资源部门负责招聘的人还表示关心地跟昕说：若她有男朋友要一起来微软工作，请把履历表送来，微软可以设法解决；若她有上大学时借的贷款未还清，微软可以帮忙……

白天的面试结束后，昕回家稍作休息，并告诉我们，她晚上不在家吃饭了，因为微软已安排了几个经理与昕到微软附近表维镇的一家餐馆共进晚餐。表维镇离我们家约有二十公里，我考虑到昕在校几年都是住学生宿舍，极少有开车的机会，车技生疏，决定开车送她去那家餐馆，让她吃完饭后打电话通知我去接她回家。

晚上七时三十分，当我和昕准时到达那家餐馆时，微软的四位经理、主任已经围着一张圆形的餐桌就座了，昕马上过去向他们打招呼问好，我则转身走出了餐馆开车回家。

到家后，我和妻子吃过晚饭，妻子在看电视，我在用计算机上网。到了晚上十点三十分，昕还没有来电话让我去接她，我们心里开始有些着急了。从我们家到那个餐馆有半小时的车程，这里的餐馆一般晚上十点三十分就打烊了，按理说昕应该会提前二十到三十分钟打电话给我的，为什么还没有电话呢？我安慰自己说，还是耐心地等等吧，也许他们聊得高兴，昕忘记了打电话给我们。

又过了一小时，已经到了十一时三十分了，昕还没有电话来，我们心中不免担心起来了，再好聊也不能聊到这个时候啊？！那几个经理都是有家的人，周五晚上十一时三十分还不回家？我想打电话到那家餐馆问问，就到网上查那家餐馆的电话，才发现我没有记下它的名字……我又没有昕的那几个经理的手机或家里电话，怎么办呢？我们分析了一下，餐馆关门后，如果他们要找地方继续聊，很可能就是回到微软去。于是，我就到网上查微软的电话，打通了微软的总机，再接到了微软安保部门的值班室。值班的安保人员说，根据他们掌握的情况，微软所有的大楼都已锁上了，没有人在大楼里，他们也没有在微软附近发现任何异常情况。这样一来，昕他们回微软的可能性就完全排除了。昕到底会在哪里呢？这时，我的脑海里出现了一连串可怕的画面：会不会是某一个经理在饭后开车送昕回我们家时，在路上车坏了或发生了车祸；会不会是他们遇到了歹徒……

看到时针已经指着午夜十二点了，昕还是没有消息，我越想越慌，马上拨通了负责管辖微软公司总部所在地的镇警察局的电话，向值班的警官询问他是否接到任何车祸或刑事犯罪的报告，他说没有。值班的警官还说，如果交通事故中有人受伤，一般是医院会比警察局知道得更快。他建议我打电话到微软公司附近的医院，一家一家地问问。天啊！我一听头都大了，这个地区有那么多家医院，半夜三更一家一家地打电话，要打到何年何月啊？！放下电话后，我强迫自己冷静下来，试图想出比打电话到医院去问更快捷有效的办法。此时已近凌晨一时了，我决定沿着到微软的高速公路慢慢地开车寻找，看看沿途是否有交通事故发生的痕迹……

我正准备出门时，我家的门铃响了。我打开门一看，谢天谢地，是微软的经理尤里先生开车送昕回来了！当我们想向尤里先生道谢时，他的车已开得离我们家很远了。

原来昕他们一行五人在餐馆九点半就吃完晚饭了，昕正要打电话给我时，尤里先生却邀请昕到他家去聊聊。尤里先生是美国犹太人，昕在微软实习时，他是昕实习导师的上级经理。一般而言，美国人极少邀请外人到自己家里谈工作的。但尤里先生为了说服昕接受微软的聘用，除了昕以外，还邀请与她暑假合作最多的实习导师到他家，试图一起做昕的工作。他们一起谈了很多事情，聊得高兴，竟忘记了时间，昕也忘了给家里打电话，搞得我们忐忑不安。

在餐馆的饭桌上，微软的四位经理、主任们对昕说，人力资源部门正忙于给昕的聘书上增加一些细节，一两天之内就会把聘书寄给昕。微软的经理们给昕在微软的发展描绘了一个美好亮丽的前景，说微软会给昕很大的成长空间。面对如此好的聘用条件，任何一个初出校门的应聘者都不可能不为之动心。

星期六，昕说要请我们到餐馆吃晚餐。因为星期五面试后，微软人事部的招聘人员就向昕祝贺她面试成功，并允许她和家人一起好好地吃一个晚餐庆祝庆祝，餐费实报实销。昕选了一家坐落在华盛顿湖边环境优雅的餐馆。我们一家三口开心、放松地享受着美味的海鲜餐。晚餐最精彩的一项是餐后推出的一座象征西雅图著名的尼雷尔火山的冰淇淋蛋糕。工作人员用酒精制造出1米多高的火焰“喷发”场景，让我们惊叹不已！

第二天，昕飞回了波士顿。她很快就收到了微软的正式聘书，年薪股份优厚。若昕接受微软的工作并在聘书上马上签名的话，可以得到一笔可观的额外奖金（英文：sign on bonus）。此外，昕还可以回到她非常欣赏和尊重的同事们身边与他们进一步合作，这更是一个有诱惑力与良好聘用条件的组合。

我本人有博士学位加上在美国工业界有十多年的工作经验，当年西雅图一家世界著名大公司聘用我时所给的年薪比微软要付给刚刚毕业的昕的还要低一点。

我当时极力主张昕选择微软。我个人认为：第一，聘书所给的年薪、奖金和股份都很诱人。第二，微软重视人才，愿意重点培养昕，这点比钱重要得多。记得我在美国东部一家世界著名的跨国公司工作时，我的经理曾经说过，我们部门有一百五十多位工程师，你要脱颖而出，想让管理层注意到你，认为你与众不同是极其困难的，需要很长很长的时间……现在，昕还未成为微软的正式雇员，微软的高层管理就知道她了，并计划培养她，这实在难得。昕如果加入微软，会有一个很高的起点，只要自己努力，前景一片光明。第三，微软有自己的产品，如个人电脑视窗软件，各类电脑游戏软件，譬如X-BOX等，公司的营业运作、员工的工作和福利会比较稳定。相比之下，谷歌只靠搜索引擎，没有自己的产品，给人一种容易大起大落的感觉。第四，昕若到微软工作，离家很近，经常可以回家。这是我们作为父母最希望的，也是我们之所以决心连根拔起，从美国东部搬到西部来的主要原因。

昕却对我的看法不以为然，但她还是接受了我的建议：在微软聘书的有效期内再认真考虑一下，不要急于回复。

微软看到昕收到聘书后的一段时间内没有回复，就进一步采取行动了。一天，昕正在系里的研究生办公室里写作业时，接到了微软人事部门发来的电邮，说比尔·盖茨要打电话来与昕聊聊，问昕什么时候比较方便。昕把自己的上课及辅导本科生的时间表告诉了微软后，微软人事部与昕商定了一个时间，约定届时比尔·盖茨会打电话到昕的办公室来。几天后，微软人事部门打电话给昕说，对不起，因为比尔·盖茨临时有要事，原定的时间需要改期。于是，微软人事部和昕又重新商定了另一天的下午四点整。

果然，那天下午四时，比尔·盖茨准时打电话给昕，和她聊了起来。

比尔·盖茨开门见山就说，微软每年都会安排他给几个应聘者打电话，协助做好微软的招聘工作是他义不容辞的责任，所以他想和昕谈谈。比尔·盖茨在电话里谈到了当今世界计算机技术的发展，谈到了微软面临的挑战及其发展前景，并回答了昕提出的一些问题……他们一共聊了三十多分钟。最后，比尔·盖茨对昕说，我希望你能加入微软。在谈话快要结束时，与昕同组的一位意大利裔研究生走进了办公室。当他听到了昕是在和比尔·盖茨通话后，十分惊讶！他对昕说："天啊，比尔·盖茨给你打电话！真是令人难以置信！"

昕在与比尔·盖茨通话后的当天晚上就打电话给我，告诉我他们谈话的大致内容，我开玩笑地对昕说："比尔·盖茨给你打电话，每一分钟的价钱是以百万美元来计算的喔，而你们打了三十分钟电话，花了不少钱啊！"昕却认真地回应道："我不管这趟电话值多少钱，反正我还是没有被他说服。"

昕的一位男同学告诉她，他也接到了微软一名副总裁的电话，试图说服他参加微软，那位副总裁也谈到了微软会重点培养他等。这位同学接受了微软的聘用，但他在微软工作了一年多后就主动辞职，从西雅图搬到加州去，和另一位同学一起成立了自己的公司。再过了一年多，他们的公司被某公司收购了，他们成功地赚到了第一桶金，此为后话了。

看来，微软在暑假学生工期间就对所有的学生工进行考察、甄别，锁定将来要雇用的目标。为了与其他大公司竞争人才，微软每年都要给公司的最高管理层分派任务，让公司的总裁、副总裁等亲自出马当说客，打电话给微软锁定目标中的重点，以示重视。

昕经过再三考虑，最后还是决定放弃微软提供的优厚条件而接受谷歌的聘书，并准备拿到硕士学位以后到谷歌上班。

对于昕的决定，尽管我们做家长的有不同的看法，但我们必须尊重她的选择，因为那毕竟是女儿自己选择的生活道路，不管对错，她都有最终的决定权，也只有她才能对自己的选择负责。再说，谷歌也是全球著名的公司，是很多求职者梦寐以求的目标。

46

放弃谷歌，加盟“发芽”公司

从2005年9月到2006年8月，昕一边全力以赴地修研究生课及准备硕士论文，一边在本系做一门本科生课的辅导工作，还挤出很多时间到处撒网找工作，飞来飞去面试，可谓忙得不可开交。

2006年暑假前，昕已经修完了硕士学位所要求的科目，并计划在暑假期间继续留在学校，开始写她的硕士论文。

经过三个多月的奋战，她的论文在暑假结束时顺利出笼，她拿到了麻省理工学院计算机的硕士学位。

我心里真希望昕会马上去谷歌上班，一来可以早点挣“大”钱，经济上彻底独立，不再当“啃老族”；二来可以摆脱波士顿即将来临的冬季风雪，尽情地享受加州硅谷的明媚阳光。可昕依然滞留在学校，既不回家，也不去谷歌上班，把上班日期推迟到2007年年初，搞得我们一头雾水，不知她的葫芦里到底卖的是什么药。

我们就此事打电话与她沟通，她说，五年的学习压力终于结束了，她知道到谷歌上班后会很忙，现在想先放松一下，做一些以前没时间去做的事情。昕前段忙于面试、论文、教学，耽误了自己受伤膝盖的恢复性治疗，现在她终于有时间安下心来认真疗伤了。同时，她也想顺便去听几门很有用的课，一旦离开了学校，就很难再有机会了。

读完了硕士，昕辅导本科生的工作也结束了，没有了学校方面的资助，一切费用都得自己掏腰包。为了给家里节省开支，昕从学校的单人宿舍搬进了双人宿舍；为了避免正式修课要交的学费，她去旁听而不要学分……

我们对昕继续留在学校的决定很不理解，甚至觉得她只顾自己的兴趣，不考虑她这样做给家里增加的额外经济负担。我们供她四年大学本科的费用，总数超过了十几万美元，她应体谅父母之不容易，早日自立才是啊！但又想到昕的做法也不无道理，又不是做什么坏事，也就由她去了。

昕留在学校期间，还发生了一个小插曲：昕拿到了硕士学位后，通知我们说，她已要求麻省理工学院把她的学位证书直接寄到家里来。可我们等了两个月，还没有收到学位证书，我就打电话问昕，她说她也不知道为什么。我当时觉得此事有点蹊跷：是不是昕因为未完成硕士学位而滞留学校呢？是不是她为了不想让父母担心而编造了想旁听课的理由呢？我再仔细想想，昕一直以来忙于学习和论文，还飞来飞去面试，要用一年加一个暑假的时间来完成她的硕士学位还真是有点悬…… 我越想越觉得我的判断很有可能是对的，就直接问昕是否真的拿到了硕士学位，如果没有，可以实话实说。昕听后有点不高兴，觉得我不相信她，但她还是没有答应到学校去查。我了解她的个性，因为她讲的是真话，所以她没有必要去查对。于是，我送了一封电邮给麻省理工学院有关部门询问昕的硕士学位证书一事，才知道原来是学校有关人员的疏忽，他们没有寄出昕的学位证书。几天后，我们就收到了学校寄来的学位证书。昕的这个“冤假错案”也得到了纠正。

过了几个月，昕终于结束了在学校当“旁听生”的生活，搬到加州去了，找房子、买家具、熟悉新环境、准备上班。昕在微软做学生工和读硕士当助教时领到的钱都存进了我们的银行账户，所以我们给了她两万多美元买了一辆新的本田汽车作为上班的交通工具，“万事俱备，只等上班了”。

“天有不测之风云”，正当我们沉浸在欢乐之中，为女儿顺利地在麻省理工学院拿到了硕士学位，为女儿在谷歌找到了称心的工作而经济上能独立，为我们完成了作为父母最重要的责任之一而感到由衷地高兴的时候，一天晚上，我们接到了昕从加州打来的电话。她说：“我现在通知你们，我决定不去谷歌了，准备参加一个‘发芽’公司（英文：Startup Company）……”

这个名叫马瑞奇的“发芽”公司位于美国加州硅谷，是由麻省理工学院计算机系的三个校友在几个月前刚刚创立的，人数极少，都是清一色的男性。昕将是该公司年纪最轻的工程师，也是公司里唯一的女性。

昕在谈到她参加这家公司的主要理由时说，该公司的几位学长都是麻省理工学院计算机系中的佼佼者，有的在校期间还当过她的一些本科课程的辅导助理。其中有一位工程师曾代表那家与谷歌竞争人才的硅谷公司面试过昕，而当昕拒绝那家公司的聘书时，唯一让她感到遗憾的就是她失去了与这位面试过她的工程师合作的机会；还有另一位工程师是系里一致公认绝顶聪明的学生，昕与他在学校接触时，每次都学到很多知识，昕对他佩服得五体投地。这个公司的三位创建者和其他的几个核心人物在校时就相熟，他们都在同一个教授指导下的一个研究小组和实验室搞科研项目。后来，这群人为了追逐他们要改变世界的梦想，有的暂停了博士生的学习，有的拒绝了知名大公司的优厚聘用条件而走到一起来了。昕搬到加州后，就和前面提到的那位绝顶聪明的同学联系上了，是他建议昕加盟他们的公司的。昕知道马瑞奇公司的存在后很兴奋，一来觉得若有机会与这帮聪明人一起工作会学到很多东西；二来觉得他们正在从事的项目很前卫，将对世界科技的发展有重大的影响，与她要改变世界的使命感志同道合。当昕接到马瑞奇公司邀请她去面试的通知时，她十分兴奋，她完全没有想到马瑞奇会给她面试的机会。经过一番深思熟虑，昕决定到马瑞奇面试，并一举获得成功。

知道了昕的决定后，我向她详细地了解了马瑞奇给她的聘用条件，并与聘用她的其他公司的聘用条件相对比，我发现，若昕应聘马瑞奇，则：

1. 年薪低了很多。
2. 没有公司提供的退休计划。
3. 公司提供的医疗保险比谷歌的简陋。
4. 没有优厚的奖金。
5. 没有值钱的公司股权。

我觉得，年轻人要创业，要闯出一条自己的路来固然是精神可嘉，钱拿少一点没有关系。但在美国，没有好的医疗保险则非同小可，风险很大。虽然昕还年轻，身体健康状况较好，可是不怕一万，就怕万一，一旦有什么大病或在交通事故中受伤，美国惊人的医疗费用会立即让人破产。作为父母，我们都希望自己的子女平平安安地生活，不要有什么风险才好。尽管知道昕的主意已定，可我们心里还怀着一丝让昕改变主意的希望，要她仔细地想想清楚后再做决定。“知女莫如父”，看到昕加盟马瑞奇公司的态度很坚决，我只好鼓励她说：“你去马瑞奇好好地干吧。要是没有饭吃了，就回家来。”

昕主动打电话到谷歌人事部商量她改变计划的事宜，并按人事部的要求给最后面试她的那位副总裁写了一封言辞诚恳的信，谈了她想和麻省理工学院的校友一起创业的愿望，并为不能到谷歌工作而感到遗憾等。

很快，谷歌的副总裁梅耶表示理解和答应放行。这也是意料之中的事。此时的谷歌发展迅猛，全球闻名，营业额蒸蒸日上。谷歌可是一职难求啊！从来都只有谷歌拒绝求职者，而极少有求职者拒绝谷歌的。这样，昕就开始到马瑞奇上班了。

一年多后，昕遇到了一位她在微软实习时认识的华裔校友娴。她跟昕谈起了她刚开始在谷歌上班时，谷歌的副总裁梅耶把她误认为昕的尴尬经过。娴告诉昕说，她第一次与梅耶一对一谈话时，梅耶问她说："你曾经拒绝过我们的聘用，你现在又回来啦？"搞得她"丈二和尚摸不着头脑"，不知道梅耶讲的是哪一桩事。后来才知道因为她的名字与昕的名字有点相似，梅耶以为她是昕了。昕听后半开玩笑地说："坏了，她竟然还没忘记我！"

47

从《虎妈战歌》一书谈起

进入社会后，昕除了忙于工作外，对社会的政治、经济、教育等时事也很关心，常常和她的同学、朋友就他们所关心的问题进行讨论和交换意见。

2011年，美国耶鲁大学教授蔡美儿在《虎妈战歌》一书中介绍了她如何用中国传统方法教育培养她的两个女儿的经验和体会。这本书刚一出来，犹如一石激起千重浪，在美国引起了轩然大波。人们在报纸、杂志、电视和微博上对她的育儿理念和方法各抒己见，有的人大加赞赏；有的人，特别是一些有西方文化背景的人，却不以为然。

尽管人们对蔡美儿教授的育儿经褒贬不一，但大家都一致承认她是一个名副其实的“虎妈”。舆论和媒体把虎妈视为东方文化、亚裔家长以及中国传统教育方法的典型代表。在虎妈的育儿经中，最著名的是她对两个女儿的“十不准”规定：

1. 不准在外面过夜。
2. 不准参加玩伴日。
3. 不准在学校演话剧。

4. 不准抱怨不让在学校里表演。

5. 不准经常看电视或玩电脑游戏。

6. 不准自己挑选课外活动。

7. 不准任何一门功课的学习成绩低于A。

8. 除了体育和文艺外，不准其他科目拿不到第一。

9. 不准演奏钢琴或小提琴以外的其他乐器。

10. 不准不练习钢琴或小提琴。

作为一名中国家长，我从来没有听说过在美国的华人圈子内有哪一个家庭对孩子有如此严厉、苛刻的要求。虎妈的育儿经及“十不准”规定，震撼了许多中国家长，也震撼了他们的孩子们。

针对虎妈的书，昕和她的一些来自亚裔家庭的朋友和大学同学专门搞了一次讨论会。这些朋友和同学都是从美国名校毕业，有的已经工作了几年，有的正在读博士。对照虎妈教育孩子的理念和方法，他们各自回顾、交流了父母对自己的培养、教育过程，大家都承认亚裔家长对子女的要求比西方族裔的家长要高、要严，但他们都不认可虎妈教育女儿的方法。

好几位同学开始时都以为轰动的“十不准”只是讽刺性的写作技巧，但联想到他们周围的人，每个人都看到了一些在现实生活中要遵守“十不准”规定的亚裔朋友。在讨论会上，昕首先发言说，在她九岁时家里就允许她和几位男同学周末一起到一位男同学家玩儿，玩儿累了就在那位同学家打地铺睡觉，也没有出问题。昕后来才知道，其他亚裔朋友的家长们更倾向于同意虎妈“不准在外面过夜”的规定。

接着，男同学鹿鸣说，他觉得蔡美儿教授最大的问题是她没有把她自己的快乐和自尊与她的女儿的成就区分开来，反而总是将两者捆绑在一起。她的态度是极端的，认为一件事不是黑的，就是白的；认为只有成功才是好的，而失败却是丢人的、要不得的；对失败的恐惧往往是她做教育决定的主要出发点。

美国出生的华裔同学森安在朋友圈里是出色的企业家，他举例描述了他的父母与虎妈的不同之处。他说："我爸爸妈妈从来没告诉过我有SAT-I考试那么一回事，以至于我差点都没去注册考试。"

来自华人家庭的男生海涛，是昕麻省理工学院的同学，毕业后进了名校读博士。他除了尖锐地批评虎妈教育女儿的方法以外，还认为虎妈夫妇一个是教授，一个是律师，他们的家庭比一般的普通家庭拥更多的社会资源和经济资源，所以虎妈的育儿经不是一般的普通家庭可以效仿的，它并没有普遍性的意义。海涛还在讨论会后写了一封电子邮件给蔡美儿教授，表示不同意她教育女儿的方法。后来，蔡美儿教授与海涛成为了笔友，她送了一本《虎妈战歌》给海涛！

参与讨论会的每个伙伴都认真地读了《虎妈战歌》一书，他们虽然不认同虎妈的教育方法，但每人都体会到蔡美儿教授做母亲的用心良苦。昕对蔡美儿教授在女儿教育问题上的不懈努力和坚决感到吃惊，她说她尊重和同情蔡美儿教授在中西方双重文化的环境里做母亲的挣扎；鹿鸣表示他佩服蔡美儿教授面对严厉的公众和挑剔的媒体仍能坚持自己观点的勇气；来自香港、在美国长大的晨聪虽然觉得虎妈的教育方法过分严厉，但他也被她那真诚的母爱与不怕承担工作和教育女儿的双重压力所感动。

在讨论会过后不久的一天，昕打电话回家，顺便和我聊起了《虎妈战歌》一书和他们那次讨论会。她十分感慨地说，那次讨论会让她收获很大，特别是听了其他亚裔同学、朋友讲述他们的父母教育培养他们的方法后，她在心里悄悄地把她的同学、朋友父母的做法和自己父母的做法进行了比较，觉得父母给了她一个相当宽松的环境让她成长，自己生长在这个家庭里很幸运，她很感激父母。

在电话里，昕还特别提到了虎妈在她的“十不准”中强制性地要两个女儿学钢琴或小提琴，而在那天参加讨论会的所有亚裔同学和朋友中，除了昕和两位朋友以外，个个都弹钢琴或拉小提琴。难怪近十多年来，在美国和其他一些西方国家中流传的各种不同版本的所谓典型亚裔孩子的特点都不约而同地列出了一个特点：亚裔的孩子都弹钢琴或拉小提琴。说到这里，昕不由自主地笑了起来，她感到自己是亚裔孩子中的“奇葩”，并为父母没有强迫她学钢琴或小提琴而感到骄傲和自豪。其实，昕五到七岁时在国内学过电子琴，到美国后就中断了。我们一向认为，兴趣是学习最强大的动力，看到昕对学习弹钢琴和拉小提琴没有很大的兴趣，我们也就随她了。

小学四年级时，昕提出要学习吹小号，我积极支持，给她买了一个小号。昕学得很起劲，有时练习吹号吹得嘴唇的皮都被弄破了。从小学到高中，她一直是学校管弦乐队和爵士乐队的小号手。

九岁的昕在家里练习吹小号

最后，昕还和我谈到了她读大三时到美国著名投资公司高盛面试暑期学生工的一个有趣片段：

在面试昕的几位高盛公司的经理中，有一位是韩裔女经理，她在面试结束时合上了笔记本，并对昕说："从现在起我们的谈话仅属个人之间的交流。"她让昕聊聊自己的父母和家庭，以及自己对将来的展望等。昕对她说："一直以来，我的父母都提供了一个良好的、宽松的环境让我自由发展，他们非常重视对我的智商和情商的教育培养。虽然刚来美国时我们家庭的经济情况比较拮据，但我的童年生活一直都很快乐、无忧无虑。那时我们虽然穷，但我从来没有觉得自己的家庭有什么不如别人的家庭。对于将来，我的父母已经为我做出了榜样，所以我既不会担心我的学业，也不会担忧找不到工作，我唯一担心的就是在我有了家庭和孩子以后，我怎样才能做到像我父母教育我那样去教育我的孩子……"说到动情处，昕热泪盈眶。听完昕的讲述，那位韩裔女经理深有感触地对她说："现在，我和我丈夫有一个一岁多的女儿。如果将来有一天我们的女儿在谈到我们时也能像你刚才谈到你的父母时那样的话，我们就觉得我们很成功了。"

昕和那位韩裔女经理的对话引起了我的深思，我觉得不管是虎妈也好，羊妈也罢，实践是检验家长教育方法是否正确的唯一标准，每一个家长应该根据自己孩子的具体特点，为其量身定做一套合适的教育方法，才能把孩子培养教育好。

"条条大路通罗马"，我衷心希望天下所有的家长们在教育孩子方面都获得成功。

48

放弃高薪，从零开始

昕到马瑞奇上班后，马上就投入了紧张的工作之中。公司刚成立，白手起家，缺钱、缺人、缺设施、一切都十分简陋。公司的办公室是租来的，工程师们的计算机工作台是用一块门板加两张凳子搭起来的！在公司成立后短短的六年里，公司的办公室就搬迁了五次。面对困难，马瑞奇的员工们艰苦创业，日夜奋战，创造了一个又一个奇迹，使马瑞奇的业务在美国和全球迅速扩展，其“云计算”的技术在南美洲、欧洲都设立了服务点。全公司从第一年的几个员工发展到第六年的三百多名员工。马瑞奇就像一颗耀眼的新星，在众多的“发芽”公司中冉冉升起，脱颖而出。最后，著名的思科公司出资十二亿美元买下了马瑞奇。

在思科公司购买马瑞奇时，双方签订了一个协议。根据这个协议，整个马瑞奇将原封不动地成为思科公司内一个独立的、负责云计算的部门，马瑞奇原来的几位主要负责人将成为这个部门的头头，而原马瑞奇公司的所有员工都自动转为思科公司的正式雇员。

除了购买款以外，思科公司为了留住马瑞奇公司的一些重要的技术和管理人才，特别拨出了一笔用来挽留人才的专款。思科公司的技术、人事等几个部门和马瑞奇公司的几位主要负责人经过仔细研究，敲定了一份挽留人员名单，并根据每一个要挽留的人才对公司的价值及其当前的市场价值，为每个人量身订造了一个“挽留计划”，其条件之优厚令人难以拒绝。

当昕打电话告诉我她从思科公司得到为期四年的“挽留计划”时，我不禁大吃一惊！思科在连续四年里给她的年薪竟是我年薪的两倍！这简直是太具诱惑力了！这可以说是一个“打着灯笼也难找”的好差事啊！思科是美国一家上市的大公司，近年来的业绩不错，公司员工的医疗保险、退休计划等福利都很好。所以，我极力劝说昕继续留在思科公司再工作四年。如果嫌四年时间太长，那么再干一两年也是很不错的啊！

听了我的建议，昕却很坚定地说：“我已经决定辞职，我的下一个目标是参加一个新的‘发芽’公司。”

昕的这一决定再次让我跌破了眼镜！为什么她放着平坦、舒适的大道不走，却偏要去攀登那些艰难崎岖的小路呢？！昕以前常半开玩笑地说，成立新公司就像爬山一样，首先要选一座山去爬。选对了吗？谁也不知道。山到底有多高呢？谁也无法确定。每一座山都很难爬，向上看又看不了太远，你只能向前看。你不知道爬山时会遇到什么危险，要绕过多少不为人知的悬崖峭壁。还有，在爬山的过程中，你会发现原来非常有效的登山工具会突然变得全无用处，你要想征服下一个新的障碍，你必须有现炒现卖的本事，随时改进和创造出新的工具。

但是，昕也说过，一个“发芽”公司要成功，不仅需要有远见卓识的领导者和聪明能干的员工，还需要好的运气。我是工程师，我的经历和他人的经验都告诉我，要一次又一次地取得成功是很困难的，要一次又一次地碰到好的运气更是难上加难。

可是，从麻省理工学院出来的昕却认为，她追求的不是金钱、名利和地位，而是要学会开发更多、更新的科学技术，要不断地完善自己，敢于打破传统的思维方式，敢于创新，为改变这个世界做出贡献。而“发芽”公司的发展模式正符合她的这一理念，并为她实现自己的理想提供了一个很好的平台。她认为，最让她动心和对她最具有吸引力的不是最后的成功，而是那充满着未知的探索和冒险的全过程。昕还强调说，她觉得她一生中参加“发芽”公司的机会仅有两次，第一次花了六年时间获得了成功；现在更要马不停蹄，趁着自己还未成家而无后顾之忧，赶快抓住第二次机会尝试人生。即使不成功，这一生也没有遗憾了！

“行了，别担心”，昕拍着我的肩膀乐观地说：“我再怎么艰难，也远远不会比你当年当知青或你和妈妈刚到美国那会儿艰难呀！”

女儿的一番肺腑之言使我明白了：她追求的是自己的梦想，享受的是一个过程，而不去过多地考虑结果。我不禁感叹道：年轻多好啊，可以有很多的时间去追逐自己的梦想！即使撞几回南墙，再回头也来得及。如果我像女儿那么年轻，我也会有和她一样的梦想和追求。昕不愧是我教育出来的女儿。年轻人就是要自己去经历，去体验生活，从中得出他们自己的经验和道理，每一代人都是如此，我自己也曾年轻过、经历过。我为女儿感到自豪！

昕不想因她的辞职惊动思科的同事们，只想低调处理悄悄地离开公司，所以她只和几位要好的原马瑞奇的同事打了个招呼。但在昕最后一天到思科上班时，很多原马瑞奇的员工知道了消息后都纷纷前来看望她。当昕和这些旧日的同事相拥告别时，她心中充满了感激和依依不舍！她在告辞时对同事们说：“我并不指望被闪电再击中一次，但是我希望我能在再一次攀登山峰的过程中找到快乐和智慧。我很珍惜和你们一起日夜奋战的这六年，我觉得你们都将会是创造奇迹的人……感谢你们今天来到这里！更感谢你们使我的第一次爬山经历如此精彩！”

为了追寻自己的梦想，挑战未来，昕抹干了眼泪，义无反顾地加入了新的“发芽”公司，踏上了新的征途，继续探寻和开发未知的自我。一切又从零开始！